UM PAÍS ABERTO

FOLHA DE S. PAULO

Diretor Responsável: Boris Casoy • São Paulo, quinta-feira, 26 de janeiro de 1984 • Um jornal a serviço do Brasil • Ano 63 • N.° 20.021 • Al. Barão de Limeira, 425 • Cr$ 300,00

300 mil nas ruas pelas diretas

CARLOS BRICKMANN
Da busca e apuração de reportagem

Os números variam, mas uma coisa é certa: este comício foi a maior manifestação já realizada em São Paulo desde a Marcha da Família com Deus pela Liberdade, em 1964. De acordo com os cálculos realizados pela "Folha", 300 mil pessoas saíram às ruas para pedir, na praça da Sé, a restauração das eleições diretas para a Presidência da República.

Há outras cifras: a Polícia Federal fala em 130 mil pessoas; o secretário das Comunicações e coordenador do comício, Jorge Cunha Lima, dizendo basear-se em dados da Polícia Militar, viera entre 350 e 300 mil pessoas; o secretário dos Transportes da Prefeitura, Getúlio Hanashiro, dizendo apoiar-se em dados do Metrô, calculou a multidão em 400 mil.

"Perguntam se há aqui 300 ou 400 mil pessoas", disse o governador Franco Montoro no discurso de encerramento do grande comício. "Mas a resposta é outra: aqui na praça estão presentes as esperanças de 130 milhões de brasileiros". E foi aplaudido com entusiasmo — os variados, seus números é que estavam certos.

Quem foi o herói do comício?

Montoro, sem dúvida, que marcou a manifestação para um feriado, foi muito criticado por isso e acabou vitorioso; Lula, o mais aplaudido da tarde, antes mesmo de chegar, e aclamado quando pediu a seus seguidores que não vaiassem os adeptos de outros partidos; Ulisses Guimarães, mas uma vez chamado de "Sr. Eleições Diretas", pois foi ele quem manteve a campanha de pé quando outros políticos nela não acreditavam; Osmar Santos, esplêndido apresentador que soube conduzir a multidão e garantir a palavra até mesmo de políticos do PTB e PDS, que o povo insistia em vaiar; Jorge Cunha Lima, organizador do comício; os artistas, que vieram em caravana; os três governadores que viajaram para São Paulo (Leonel Brizola, Iris Rezende e José Richa); e tantos mais.

Mas o verdadeiro herói foi outro: a multidão, as 300 mil pessoas que provaram ser possível fazer e desenvolver política com amor, garra e alegria. O povo se manifestou, cantou, dançou, trouxe bandeiras, vestiu camisetas, vaiou, aprovou. E, até a chuva, que por três horas fustigou o comício, conseguiu dispersá-lo. O povo se aglomerava, discutia tal havia adeptos do PT, PMDB, PCB, PC do B, PTB, PDT, até mesmo alguns solitários pedesistas, palavra. E, no fim do dia, havia apenas quatro ocorrências policiais — dois furtos, um batida-presa, um caso de embriaguez ao volante. Muitas crianças, até bebês, estavam na multidão; era uma festa, medo do quê?

O sentido da festa talvez só não tenha sido bem compreendido por Brasília. O porta-voz da Presidência, Carlos Átila, disse que o comício foi "pouco expressivo": as seu ver, as 300 mil pessoas reunidas em São Paulo nada representam diante dos 94 milhões de eleitores que, em 82, deram ao PDS o direito de escolher o próximo presidente. Dois engano: no comício não havia 300 mil pessoas, mas 300 mil; e em 15 de novembro de 82 o PMDB teve 5 milhões de votos a mais que o PDS. O fato de bem assim ter obtido maioria no Colégio Eleitoral explica melhor nosso processo de eleição indireta — e a vontade de povo de restabelecer as diretas — que qualquer tratado de ciência política.

PÁG. 5 e ler. 27

Vista do interior toda a 50 lando caderis 300 mil pessoas, a multidão ocupou as ruas que dão acesso à praça, expandindo a manifestação produziram até pontos distantes do centro monumento

---

Opinião da "Folha" | **Reagan pede a retomada do diálogo** | **Suspensa a intervenção em 3 sindicatos** | **Gasolina a 564, álcool a 332** | **A festa da USP começa com invasão**

Dolar vai a Cr$1.065

Previsão do tempo

PÁG 15 • PÁG 12 • PÁG 20

FOLHA DE S.PAULO

UM PAÍS ABERTO
Reflexões Sobre a Folha de S.Paulo
e o Jornalismo Contemporâneo

PubliFolha

© 2003 Publifolha – Divisão de Publicações da Empresa Folha da Manhã S/A

Todos os direitos reservados. Nenhuma parte desta publicação pode ser reproduzida, arquivada ou transmitida de nenhuma forma ou por nenhum meio sem permissão expressa e por escrito da Publifolha – Divisão de Publicações da Empresa Folha da Manhã S/A.

Editor
Arthur Nestrovski

Assistência editorial
Cláudia Carolina Komesu

Capa
João Baptista da Costa Aguiar

Editoração eletrônica
Costa Aguiar Desenho Gráfico e Comunicação Visual Ltda.

Assistência de produção gráfica
Soraia Pauli Scarpa

Preparação
Rogério Ortega

Revisão
Mário Vilela e Ivan de Almeida

Dados internacionais de Catalogação na Publicação (CIP)
(Câmara Brasileira do Livro, SP, Brasil)

Um país aberto : reflexões sobre a Folha de
S.Paulo e o jornalismo contemporâneo. — São Paulo :
Publifolha, 2003.

Vários autores.
ISBN 85-7402-446-5

1. Folha de S.Paulo – História 2. Jornalismo –
Brasil I. Título: Reflexões sobre a Folha de S.Paulo
e o jornalismo contemporâneo.

03-1278 CDD-079.81

Índices para catálogo sistemático:
1. Brasil : Jornalismo 079.81

PUBLIFOLHA
Divisão de Publicações do Grupo Folha

Al. Barão de Limeira, 401, 6º andar, CEP 01202-001, São Paulo, SP
Tel.: (11) 3224-2196/2202/2205
Site: www.publifolha.com.br – E-mail: publifolha@publifolha.com.br

APRESENTAÇÃO

Este livro reúne depoimentos e palestras apresentados no ciclo de seminários que inaugurou a Cátedra de Jornalismo Octavio Frias de Oliveira, mantida pela Faculdade de Comunicação Social do Centro Universitário Alcântara Machado (UniFiam-Faam), em parceria com o jornal **Folha de S.Paulo**.

De março a setembro de 2002, profissionais e estudiosos da imprensa foram convidados a comentar o trabalho de quatro décadas do *publisher* da **Folha** e a trajetória histórica do jornal, bem como tópicos mais gerais do jornalismo contemporâneo.

Essa divisão se reflete na organização do livro. A primeira parte registra as homenagens a Octavio Frias de Oliveira e as seis palestras sobre a história da **Folha de S.Paulo**; na segunda, são abordadas "Questões e Tendências do Jornalismo Contemporâneo", em quatro grandes vertentes: Jornalismo Econômico, Jornalismo de Internet, Jornalismo Cultural e Jornalismo e Pesquisa de Opinião.

O resultado sugere uma polifonia, em que se escutam as vozes mais diversas – bem no espírito do homenageado, renomado defensor de um jornalismo pluralista.

Na grande maioria dos casos, foi preservada a natureza oral das exposições. Os textos servem, assim, não só como veículo de idéias instigantes para a teoria e prática do jornalismo hoje, mas também como registro de uma série histórica de encontros.

I – OCTAVIO FRIAS DE OLIVEIRA E A FOLHA DE S.PAULO

OCTAVIO FRIAS DE OLIVEIRA

Bandeirante Midiático — 12
José Marques de Melo

Firme e Discreto — 17
Edevaldo Alves da Silva

Octavio Frias, um Desbravador da Imprensa Brasileira — 18
Paulo Renato Souza

Brasil: um País Aberto — 21
Octavio Frias de Oliveira

Quatro Décadas de Pioneirismo — 23
Carlos Eduardo Lins da Silva

Independência: Formidável Artigo Jornalístico — 26
Clóvis Rossi

Empresário Primoroso, Jornalista Completo — 29
Boris Casoy

Um Pai Puritano e Iluminista — 33
Otavio Frias Filho

HISTÓRIA DA FOLHA

História da Folha: as Diferentes Etapas — 38
Maria Helena Rolim Capelato

Jornalismo, Disseminação e Democracia — 42
Nicolau Sevcenko

História da Folha: Breve Conversa Sobre a Mídia — 48
Boris Fausto

Políticas de Antecipação: a Folha na Abertura Democrática — 52
André Singer

Diretas-Já — 61
José Carlos Dias

A Folha e as Diretas-Já — 66
Ciro Marcondes Filho

II – QUESTÕES E TENDÊNCIAS DO JORNALISMO CONTEMPORÂNEO

JORNALISMO ECONÔMICO

Mídia, Economistas e Jornalistas — 76
Gustavo Franco

O Futuro já Chegou — 93
Luiz Carlos Mendonça de Barros

Jornalismo Econômico e a Internet — 99
Celso Pinto

JORNALISMO DE INTERNET

Jornalismo de Internet — 106
Caio Túlio Costa

Jornalismo On-Line — 120
Leão Serva

Na Contramão da Internet — 126
Manoel Francisco Brito

JORNALISMO CULTURAL

Jornalismo Cultural — 134
Marcelo Coelho

O Grande Editor — 138
Matinas Suzuki Jr.

A Terceira Margem do Jornalismo Cultural — 142
Daniel Piza

JORNALISMO E PESQUISA DE OPINIÃO

Leitura e Interpretação de Pesquisa — 152
Orjan Olsen

Divulgação de Pesquisas e Precauções — 175
Mauro Paulino

A Leitura de Olhos Fechados das Pesquisas Eleitorais — 195
Paulo de Tarso da Cunha Santos

PARTE I
OCTAVIO FRIAS DE OLIVEIRA E A FOLHA DE S.PAULO

OCTAVIO FRIAS DE OLIVEIRA

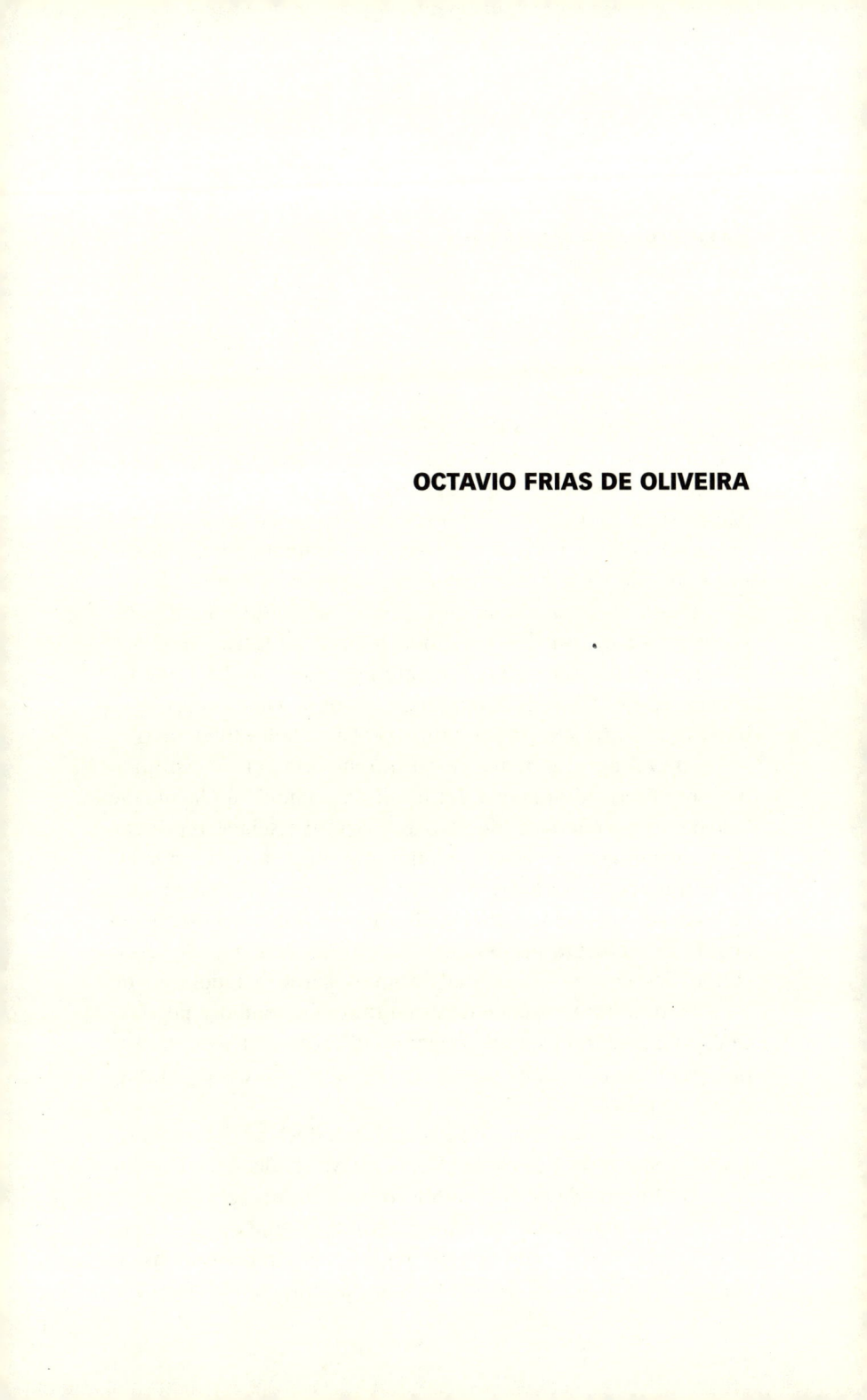

BANDEIRANTE MIDIÁTICO
José Marques de Melo

Enquanto a nação assiste ao presente discurso eleitoral, há grande número de interrogações, das quais depende o futuro do país como um todo, mas que aguardam uma discussão aprofundada e séria. Um desses assuntos é a clamorosa questão da pesquisa, até agora carente de uma visão mais abrangente, tanto de um ponto de vista doméstico quanto no âmbito internacional.

Há 30 anos, São Paulo protagonizava acontecimento relevante para a dinamização do nosso sistema educacional. O Ministério da Educação, através de ato publicado no dia 17 de fevereiro de 1972, autorizava a funcionar nesta cidade a primeira instituição universitária denominada "Faculdades Integradas".

Até então, o sistema de ensino superior era constituído por três tipos de organização: a "universidade", a "faculdade isolada" e a "federação de escolas". A universidade representava a vanguarda do sistema, configurando espaços articulados de ensino, pesquisa e extensão. As faculdades isoladas permaneciam na sua retaguarda, dedicando-se exclusivamente ao ensino de natureza profissional. A reunião de algumas dessas faculdades em conjuntos mais amplos gerou a federação de escolas, uma universidade de novo tipo, que, embora possuísse diversidade intelectual, abrigando diferentes áreas do saber, não perfilava a unidade cognitiva só realizável através da pesquisa científica.

Ao propor ao Conselho Federal de Educação a criação da Fiam – Faculdades Integradas Alcântara Machado –, o educador João Guilherme de Oliveira ambicionava um modelo universitário alternativo, capaz de reunir ensino, pesquisa e extensão, sem o compromisso de manter atividades em todas as áreas do conhecimento. Seu projeto enfrentou naturais resistências. Ele acabou sendo acolhido pelo respeito que o autor, funcionário graduado da Universidade de São Paulo (USP), merecia de vários membros do antigo Conselho Federal de Educação, cuja amizade cultivara durante anos de convivência na Faculdade de Filosofia, Ciências e Letras da rua Maria Antônia. Influiu também para esse desfecho positivo o empenho demonstrado pela então deputada Ivete Vargas, amiga pessoal do fundador da Fiam. Ivete militava na ala trabalhista do partido da oposição, o então MDB (Movimento Democrático Brasileiro), mas estabeleceu negociação direta com o ministro da Educação da época. Aberto a inovações, o ministro Jarbas Passarinho deu um voto de confiança a João Guilherme de Oliveira, avalizando o ato de criação da Fiam.

Qual o projeto acalentado por João Guilherme? Ele pretendia resgatar a meta original da Faculdade de Filosofia, Ciências e Letras da USP, qual fosse, a de formar educadores capazes de cimentar as bases da moderna sociedade paulista. Esse ideal uspiano foi sendo minimizado, na opinião do fundador da Fiam. A instituição a que dedicara a maior parte da sua vida funcional agigantava-se, correndo o perigo de despersonalizar-se; convertera-se efetivamente numa federação de escolas profissionais, postergando o compromisso de ser uma autêntica universidade.

João Guilherme pretendia que a Fiam viesse a ser a USP dos seus sonhos. Para torná-la exeqüível, pensou numa universidade de pequeno porte, constituída por um conjunto de faculdades integradas por um forte núcleo de natureza humanística. Arrendou um velho edifício situado na avenida Jabaquara e arregaçou as mangas para concretizar seu ideal. A elaboração do projeto pedagógico ele confiou a uma equipe de jovens professores da USP.

Como patrono da nova faculdade, escolheu José de Alcântara Machado, autor do clássico ensaio histórico *Vida e Morte do Bandeirante*. Ele pretendia forjar os bandeirantes da modernidade. Sua meta era educar os educadores dos novos tempos, em que a escola deixara de ser a agência hegemônica de formação para a cidadania. Por isso mesmo, elegeu um núcleo interdisciplinar constituído por três áreas do conhecimento: letras, estudos sociais e comunicação social.

Sintomaticamente, a Faculdade de Comunicação Social (Facom) atuou como vanguarda do novo sistema, sob a liderança de Francisco Morel, um publicitário de sucesso e ao mesmo tempo um contista promissor, então pertencente à equipe fundadora da Escola de Comunicações e Artes da USP.[1] Mas o sonho arrojado de João Guilherme de Oliveira logo se converteu em pesadelo. A idade avançada e as dificuldades financeiras representavam obstáculos intransponíveis. Parecia uma quimera construir uma instituição privada que mantivesse a um só tempo o ensino de qualidade e a iniciação científica dos jovens estudantes. Não lhe restou outra alternativa senão negociar a transferência do controle da sociedade mantenedora para instituição congênere, que vinha atuando no setor das artes.

Essa solução não garantiu, entretanto, a continuidade do projeto. Tanto assim que, poucos anos depois, o então ministro da Educação, Ney Braga, preocupado com a deterioração dos padrões de ensino da Fiam, e correspondendo aos apelos de seus novos dirigentes, concitava o professor Edevaldo Alves da Silva a assumir a liderança do projeto idealizado por João Guilherme de Oliveira.

O desafio foi aceito imediatamente pelo brilhante advogado, que granjeara credibilidade no setor educacional com o prestígio conquistado pela FMU (Faculdades Metropolitanas Unidas). Dessa maneira, a Fiam retornava à família uspiana. Pois Edevaldo Alves da Silva também havia se inspirado na USP quando decidiu ingressar no campo universitário. Filho de um conceituado professor da USP, integrante da equipe fundadora do campus de Ribeirão Preto, ele balizou seus projetos de ensino superior naqueles ideais assimilados no convívio familiar.

Tendo perdido o pai ainda muito jovem, Edevaldo Alves da Silva tornou-se arrimo de família, o que o levou a lutar para sobreviver e construir seu próprio caminho. A opção pelo empreendimento educacional de qualidade constitui uma homenagem explícita à memória paterna, que ele cultiva com

---

[1] O perfil biográfico de Francisco Morel foi resgatado pela profa. dra. Fátima Feliciano, no artigo que antecede a reprodução de sua dissertação de mestrado "O Anúncio da Notícia", publicado na seção "Memória" da revista *Idade Mídia*, nº 1, São Paulo, UniFiam, 2002; p. 149-90.

tenacidade e vem transmitindo com veneração aos filhos e netos. Os ideais uspianos constituem referencial permanente na trajetória das instituições universitárias por ele presididas.

Ao assumir a presidência da entidade mantenedora da Fiam, ele transferiu a faculdade do velho edifício da avenida Jabaquara para as modernas instalações hoje situadas na avenida Morumbi. Equipou os laboratórios didáticos, dotando os cursos de Jornalismo, Publicidade e Relações Públicas de corpo docente de alto nível. Recentemente, decidiu ampliar sua grade curricular, incluindo duas novas habilitações: Editoração Multimídia; e Rádio, TV e Vídeo.

Durante três décadas, a Fiam amealhou prestígio, formando profissionais competentes. No último biênio, foram realizados investimentos vultosos na atualização da infra-estrutura laboratorial, na reforma das salas de aulas, na criação de agências experimentais e na renovação do corpo docente, transformando a instituição num autêntico centro universitário.

A comemoração desses avanços e conquistas inicia-se agora com a instalação da Cátedra de Jornalismo Octavio Frias de Oliveira. Trata-se de justa homenagem a um empresário da comunicação que se notabilizou pela luta em defesa da liberdade de imprensa, viabilizando uma organização jornalística moderna, plural e independente. Trata-se também de um cidadão que se fez por conta própria, optando pela iniciativa privada como espaço de atuação pública. Sua conduta empresarial tem sido edificante por três escolhas:
- sedimentação de um jornalismo clivado pela cidadania, assentado principalmente nas aspirações das camadas médias de nossa população;
- superação do capitalismo selvagem na indústria midiática, desenvolvendo projetos cooperativos com empresas concorrentes, sem contudo abandonar a competição mercadológica;
- fortalecimento da internacionalização comunicacional, viabilizando a projeção brasileira no mercado regional da mídia digitalizada.

Ao escolher Octavio Frias de Oliveira como patrono da primeira Cátedra de Jornalismo a ser mantida pela Fiam, nossa comunidade acadêmica pretendia justamente homenagear aquele que personificou a figura do bandeirante moderno, cujo perfil histórico foi delineado por José de Alcântara Machado, patrono da nossa instituição. Identificamos na figura do *publisher* da **Folha de S.Paulo** o perfil de um autêntico bandeirante midiático.

Qual a responsabilidade da cátedra que hoje [25/2/2002] inicia suas atividades, com a realização de um simpósio acadêmico dedicado ao tema "Octavio Frias de Oliveira: 40 anos de Atuação na Liderança do Grupo **Folha**"?

Ela pretende ser um elo da cooperação universidade–empresa. Chegou o momento de darmos um basta ao gueto acadêmico e às muralhas empresariais. O diálogo, o intercâmbio e a transferência mútua de conhecimento tornam-se metas a serem alcançadas eficazmente.

Temos a ilusão de fazer da Cátedra Octavio Frias de Oliveira um empreendimento semelhante àquele que entusiasmou o avô do nosso patrono, sr. Luiz Plinio d'Oliveira, ao edificar há um século os arcos da Lapa, na cidade do Rio de Janeiro. Da mesma maneira que aquele aqueduto canalizou água potável do morro de Santa Teresa para o centro da antiga capital federal, esperamos que a nova Cátedra de Jornalismo possa transferir o conhecimento jornalístico acumulado na alameda Barão de Limeira, nos 40 anos de inovação da **Folha de S.Paulo**, para a bagagem cultural dos futuros profissionais que a Fiam está formando nesta colina do Morumbi, na cidade de São Paulo, no início do século 21.

JOSÉ MARQUES DE MELO é jornalista, professor emérito da Escola de Comunicações e Artes da Universidade de São Paulo e diretor da Faculdade de Comunicação Social do UniFiam-Faam. É autor de *A Imprensa em Questão* (co-autoria com Alberto Dines e Carlos Vogt; Unicamp, 1997) e *Espanha: Sociedade e Comunicação de Massa* (Summus, 1989), entre outros livros.

FIRME E DISCRETO
Edevaldo Alves da Silva

Num combate permanente entre a luz e a treva, entre a verdade e a mentira, entre a liberdade e a escravidão, Octavio Frias de Oliveira se destaca, há mais de 40 anos, como símbolo da ética no trabalho.

Neste momento delicado de desafios e indefinições, ele é uma referência segura, um homem firme e discreto, sempre atento às pessoas e à aventura humana. Nunca se afasta de seu compromisso com a liberdade de informação, nem de suas profundas convicções democráticas.

Sempre capaz de se indignar diante de uma injustiça, não o intimidam o uivo do lobo, o bramido do tigre, as ameaças da burocracia oficial, as pressões dos poderosos, as agressões dos corruptos, o cinismo dos torturadores.

Frias ajuda a preservar a grandeza e a dignidade do nosso país. Ajuda-nos a acreditar nas pessoas e no futuro. Por tudo isso – e muito mais –, deu seu nome a um complexo do UniFiam destinado à formação de novos profissionais da comunicação social. E recebeu o título de professor *honoris causa* de nossa instituição.

Este livro registra alguns traços de sua complexa fisionomia. Um pouco do seu rastro, da sua permanência, da sua presença marcante na efêmera eternidade de nossos afetos.

EDEVALDO ALVES DA SILVA é fundador e presidente do UniFMU e do UniFiam-Faam, professor de direito penal e advogado.

OCTAVIO FRIAS, UM DESBRAVADOR DA IMPRENSA BRASILEIRA
Paulo Renato Souza

Meu caro Edevaldo Alves da Silva, meu caro Octavio Frias de Oliveira, meu caro José Marques de Melo, dona Dagmar. Eu quero saudar todas as amigas e amigos aqui presentes, autoridades, minhas senhoras e meus senhores.

Meu caro Octavio, nesta missão como ministro da Educação, em poucas oportunidades pude com tanta satisfação cumprir um dever do cargo: representar o presidente Fernando Henrique Cardoso hoje nesta homenagem que a Fiam lhe presta e que reúne personalidades da vida de São Paulo. Mais especialmente, reúne todos os seus amigos, que vieram aqui para apoiar esta iniciativa tão oportuna. Conheci o Octavio quando voltei ao Brasil no final dos anos 1970 e, ao longo destes anos, pude pessoalmente conhecer parte dessa personalidade tão rica e que foi aqui apenas parcialmente revelada por seus colaboradores e por seu filho.

O fato mais significativo da transformação da **Folha** ou de seu impacto na imprensa brasileira, no meu modo de ver, foi justamente o fato de ter se constituído num espaço para o debate democrático. A **Folha** foi o primeiro jornal a abrir suas páginas para o debate amplo e irrestrito. Isso se deveu à determinação, à orientação, à coragem de Octavio Frias de Oliveira. Sei muito bem do esforço que o Octavio fez nesse sentido, partindo da busca por assessoria entre os intelectuais brasileiros que, em sua grande maioria, não tinham espaço para manifestação na grande imprensa. Proporcionou, assim, as condições para que o debate político em nosso país avançasse.

Ao longo dos últimos anos, já como ministro da Educação, tive a oportunidade de, em inúmeras ocasiões, estabelecer um canal direto de diálogo com o Octavio. Muitas vezes, foram diálogos sobre matérias que a **Folha** publicava; muitas vezes, troca de idéias sobre a situação do país. Em todas as ocasiões, tive no Octavio um interlocutor franco que, algumas vezes, me deu razão. Nas outras, foi sempre um ouvinte atento e um argumentador competente.

Ao longo de sua história, a **Folha** publicou muito poucos editoriais de primeira página. Eu coleciono, com muito orgulho, entre os feitos de minha passagem pelo Ministério da Educação, o de ter sido agraciado com um editorial de primeira página de apoio ao "Provão", o que mostra que a **Folha** não faz apenas a crítica dos governos, apesar de este ser o esporte favorito de alguns de seus colunistas.

Eu quero, portanto, meu caro Octavio, dar meu testemunho; sei também, porque conversei muitas vezes sobre a **Folha** e sobre o Octavio com o presidente Fernando Henrique, que esse é também o testemunho do presidente. Muitas vezes, nos momentos mais difíceis de críticas da **Folha** ao governo, procurei o Octavio, e ele me disse: "Mas quem me ensinou a fazer um jornalismo independente foram vocês, foi o presidente Fernando Henrique, foram todos vocês; por isso, nós estamos agora fazendo aquilo que vocês nos ensinaram".

Aquilo que nós aconselhamos (o presidente Fernando Henrique e outros) a **Folha** a fazer, quero destacar, nós tivemos também, graças a Deus, a possibilidade de praticar no governo. Apesar de em algumas ocasiões termos reclamado de críticas que nos pareceram injustas, não se pode negar que o presidente Fernando Henrique deu uma contribuição para nosso país na consolidação da democracia e, em especial, na consolidação da liberdade de expressão, apesar de termos enfrentado crises e situações muito difíceis nesses últimos anos.

Foi dito aqui que no governo do presidente Itamar Franco e no governo do presidente Fernando Henrique a imprensa passou a destacar os aspectos negativos de todos os governos. É verdade, mas tudo isso fez com que tivéssemos a oportunidade no governo, liderados pelo presidente Fernando Henrique, de consolidar a democracia e a liberdade de expressão no país.

Eu quero também somar-me à Fiam nesta homenagem mais do que justa ao Octavio. Dizer também que para mim é uma satisfação muito grande, meu caro Edevaldo, estar hoje aqui, quando a Fiam completa 30 anos, e poder dizer que a Fiam, por seus méritos, se transformará agora em um Centro Universitário, já que o Conselho Nacional de Educação aprovou essa medida em sua última sessão. Isso significará, após esses 30 anos, um passo à frente na consolidação dessa instituição que tem uma contribuição muito importante para a educação no Estado de São Paulo.

Além de uma homenagem, esta cerimônia é, portanto, uma festa de congraçamento, de reconhecimento, de louvação da liberdade de expressão, da liberdade de imprensa e do grande papel que Octavio Frias de Oliveira desempenhou e vem desempenhando na história da democracia e da imprensa livre no país.

PAULO RENATO SOUZA é doutor em economia pela Unicamp, foi ministro da Educação entre 1995 e 2002, gerente de operações do Banco Interamericano de Desenvolvimento (BID) entre 1991 e 1994, reitor da Unicamp entre 1986 e 1990 e secretário de Educação de São Paulo entre 1984 e 1986. É autor de *A Determinação dos Salários e do Emprego em Economias Atrasadas* (Fecamp, 1999) e *O Que São Empregos e Salários* (Brasiliense, 1990), entre outros livros.

BRASIL: UM PAÍS ABERTO
Octavio Frias de Oliveira

Ministro Paulo Renato, sr. diretor, srs. professores, senhoras e senhores, meus amigos.
Não sou muito afeito a discursos nem a solenidades. Considero que a reunião desta noite traduz uma distinção que aceito com alegria, mas que não julgo merecida. Circunstâncias da vida me levaram a trabalhar desde muito cedo. Por essa ou por outras razões, nunca tive o privilégio de freqüentar cursos universitários.
Receber o título que vocês me outorgam hoje é, assim, algo que me deixa muito sensibilizado. Mas não exatamente envaidecido. A esta altura da vida, concordo mais do que nunca com o poeta [Rudyard] Kipling quando chamou o sucesso e o fracasso de "esses dois impostores".
As palavras dos oradores encarregados da saudação, conforme a praxe nestas ocasiões, me deixaram desvanecido. Em sua generosidade, elas refletem a amizade e o companheirismo que nos unem há muitos anos.
Não sou jornalista nem, muito menos, um teórico das comunicações. Sempre fui, por temperamento, um homem prático e, por vocação, um empresário que os acasos da existência levaram, 40 anos atrás, ao ramo da imprensa.
Nesse setor, que hoje posso chamar de nosso, procurei erguer valores, gerar empregos, construir riquezas. Contei com a colaboração de companheiros preciosos, vários deles aqui presentes, entre os quais meus filhos Otavio e Luís. Prefiro ver nesta homenagem um reconhecimento ao trabalho de todo o grupo de pessoas que me ajudaram na aventura profissional de fazer da **Folha** um grande jornal. Um jornal do qual pudéssemos nos orgulhar pelos serviços prestados ao país e à comunidade.

Não digo que nossos objetivos tenham sido plenamente atingidos. Sempre há e haverá muito a fazer. Mas tenho a convicção de que muito já foi feito e de que estamos no caminho certo. Ainda não praticamos, no Brasil, o jornalismo de meus sonhos. Mas a situação evoluiu muito favoravelmente ao longo destas décadas.

Meu testemunho sobre o desenvolvimento do Brasil é semelhante. Ainda temos problemas imensos a enfrentar. Vivemos num país que continua sendo pobre e no qual uma parcela expressiva da população não tem meios de viver dignamente e de desenvolver seus potenciais criativos.

Mas, para quem viu as crises a que assisti, o saldo não poderia deixar de ser de um otimismo moderado. Com todos os percalços, o Brasil cresceu e progrediu. Alcançamos a normalidade político-institucional, nos quadros de uma democracia hoje sólida. E atingimos a estabilidade da moeda num ambiente de livre mercado.

Eram objetivos que pareciam distantes até pouco tempo atrás. O ritmo de nossa evolução tem sido lento, talvez, mas o avanço me parece consistente e inquestionável.

Receber esta homenagem das mãos de Edevaldo Alves da Silva é algo que me é especialmente grato. Somos duas pessoas que começaram a vida tendo de enfrentar condições adversas. À custa de esforços e angústias que só nós podemos avaliar, conseguimos realizar parte – uma grande parte, eu diria – de nossos sonhos.

Somos exemplos concretos de como o Brasil é um país aberto e que oferece amplas possibilidades a quem estiver disposto a trabalhar com afinco e progredir. O desafio é criar condições para que mais e mais pessoas possam desenvolver suas aptidões e talentos.

Esta é uma casa que completa 30 anos, voltada, como toda instituição universitária, para o futuro e para os jovens. Faço votos de que ela continue a crescer e se aperfeiçoar, convertendo-se em instrumento cada vez mais forte de formação profissional e de difusão do conhecimento.

Muito obrigado.

OCTAVIO FRIAS DE OLIVEIRA é empresário e *publisher* da **Folha de S.Paulo**.

QUATRO DÉCADAS DE PIONEIRISMO
Carlos Eduardo Lins da Silva

Os 40 anos do sr. Frias à frente da **Folha de S.Paulo** já entraram para a história do jornalismo brasileiro e vão ficar marcados principalmente, talvez, por um motivo: o pioneirismo que ele foi capaz de imprimir às atividades da **Folha** nestas quatro décadas. Quando o sr. Frias comprou a **Folha**, em 1962, a empresa sofria do que se podia chamar de "esclerose administrativa". Era um jornal vibrante, feito por um jornalista notável, José Nabantino Ramos, que deixou muitas lições que depois foram aprendidas pelos que seguiram na **Folha** nas quatro décadas seguintes, mas era uma empresa com muitos problemas administrativos, financeiros e econômicos.

A primeira grande tarefa que o sr. Frias e o sr. Caldeira [Carlos Caldeira Filho], na época, trataram de realizar na **Folha** foi a de sanear administrativamente a empresa e o jornal. O sr. Frias tinha e sempre teve uma atitude muito positiva com referência a organização e método. E talvez a coisa mais revolucionária que ele fez no jornalismo brasileiro tenha sido a de colocar nas empresas de comunicação, nas empresas de jornalismo e, principalmente, nas Redações um pouco desse espírito de organização e método que ele aprendeu com Dale Carnegie e outros autores pragmáticos do que se poderia chamar de teoria dos negócios, autores americanos que ele leu, absorveu e, depois, transmitiu às pessoas que trabalhavam com ele.

Os primeiros cinco anos do sr. Frias à frente da **Folha** foram, então, dedicados à recuperação econômica da empresa. E, depois que isso já estava mais ou menos consolidado, ele tratou de começar uma fase que pode ser chamada de revolução tecnológica da **Folha**: métodos muito agressivos de distribuição, fazendo com que o jornal chegasse à frente dos concorrentes em todo o Estado, em todo o país, além da introdução do *offset* na imprensa brasileira, fotocomposição, novas unidades de impressão. Era o pioneirismo do sr. Frias fazendo da **Folha** um jornal mais atuante, mais presente dentro da vida brasileira. Os dez anos seguintes, de 1974 a 1984, foram dedicados a construir uma política editorial própria para o jornal. Sobre esse tema, o Clóvis Rossi vai falar em seguida. E, de 1984 em diante, vem a parte mais importante, talvez, de todo esse processo, que é o Projeto **Folha**, do qual tive a sorte de poder participar depois de uma entrevista longa, num sábado à tarde, com o Boris Casoy, que acabou recomendando minha contratação pela **Folha de S.Paulo** e me permitiu participar desse momento tão importante da história do jornalismo brasileiro.

Cheguei à **Folha** com título de doutor em jornalismo, sob orientação do professor José Marques de Melo e com 13 anos de bagagem de Redação, mas não podia fazer idéia do quanto eu iria aprender nos anos seguintes, principalmente devido à presença do sr. Frias. A cobrança diária, sistemática, de qualidade, de neutralidade, de imparcialidade, de apartidarismo, a idéia de estabelecer objetivos e metas para a Redação – uma coisa que ninguém antes havia feito –, a idéia de transformar a Redação numa unidade de produção de informação – no fundo, é isso que é o jornal –, tudo isso foi de uma tremenda importância para mim pessoalmente e para o jornalismo brasileiro como um todo.

O Projeto **Folha** foi delineado a partir de 1981, quando se fez um documento no Conselho Editorial chamado "A **Folha** e Alguns Passos Que É Preciso Dar", em que se mostrava a preocupação em sistematizar um projeto para o jornal. Em 1982, houve o documento "A **Folha** em Busca do Apartidarismo, Reflexo do Profissionalismo", que exigia uma crescente profissionalização dos jornalistas, menos preocupação com conteúdo, mais com a técnica e com a organização... E, finalmente, houve o histórico documento de 1984, "A **Folha** Depois das Diretas-Já", em que se exigia dos jornalistas intransigência técnica. Esse tipo de preocupação era inédito na imprensa brasileira. Essa contribuição que o sr. Frias deixa para a imprensa brasileira é absolutamente marcante.

Todos os jornais que conviveram com a **Folha** naquela época, todos aqueles que a criticaram, acabaram adotando os métodos que ela inovadoramente implantou naquele período e continua mantendo até hoje. Quero aproveitar este momento para me permitir uma coisa que, no saudável e austero ambiente de trabalho da **Folha**, raramente temos a oportunidade de fazer, que é agradecer ao sr. Frias por tudo aquilo que ele me ensinou e por todo o apoio que me deu em momentos importantes de minha vida profissional e em momentos difíceis de minha vida particular.

CARLOS EDUARDO LINS DA SILVA é jornalista, diretor-adjunto de redação do jornal *Valor Econômico* e autor de *Marketing Eleitoral* (série "Folha Explica", Publifolha, 2002) e *Mil Dias – Bastidores da Revolução em um Grande Jornal* (Trajetória Cultural, 1988), entre outros livros.

INDEPENDÊNCIA: FORMIDÁVEL ARTIGO JORNALÍSTICO
Clóvis Rossi

Tenho que confessar um certo constrangimento em participar de eventos deste tipo, eventos em que a gente tem de falar bem das pessoas, porque minha preferência é por falar mal, é fazer críticas, e até pelos olhares que eu recebo de alguns dos presentes tenho a impressão de que esse esporte preferido tem sido praticado talvez com constância excessiva.

Como não é prudente nem saudável falar mal do patrão, não seria o caso de correr esse risco agora, até porque, quando o Otavio Filho me consultou sobre a participação neste evento, eu disse a ele que teria o maior prazer em participar, porque seria praticar um dos dois esportes preferidos meus. Um deles é falar mal do presidente da República, e outro é falar bem do sr. Frias, porque eu tenho por ele o maior dos carinhos, não apenas respeito, mas realmente carinho, aprendido na convivência de 15 anos, convivência praticamente diária; não por ser o patrão, mas pelos gestos, palavras e lições aprendidas nestes 15 anos de convivência quase diária. Por isso, não vou falar mal dele, mas vou falar um pouquinho sobre o lado político da **Folha de S.Paulo** nos anos Frias. Acho, no entanto, que seria um tanto redundante e até monótono, especialmente num ambiente jornalístico como este, na presença de participantes da história política do país em muitos destes últimos anos, fazer simplesmente uma memória do que foi a **Folha** politicamente nos últimos 40 anos.

Suspeito que todos (ou a grande maioria) saibam que a **Folha**, como praticamente toda a grande imprensa, apoiou, por exemplo, o movimento militar que derrubou o presidente João Goulart em 1964. A maioria certamente também sabe que a **Folha** foi das mais incisivas instituições na campanha em favor da anistia para os políticos pelo regime de 1964. Com mais certeza ainda, por ser mais recente, deve estar na memória de todos o papel destacado que a **Folha** teve na campanha das Diretas-Já, a maior mobilização popular da história de um país que não está propriamente habituado a mobilizar-se.

O engajamento do jornal foi tão irrestrito, tão amplo, tão generoso, que o editorial de capa publicado no dia seguinte à derrota da emenda das Diretas-Já usava um insólito "nós" como sujeito. "Caiu a Emenda, Não Nós" era o título, denunciando por si só o engajamento do jornal nessa campanha, um dos pontos altos da história do jornal e da história do país. Exatamente por serem fatos tão notórios, e alguns deles tão recentes, prefiro falar de um ângulo em que jornalismo e política se misturam e no qual a **Folha**, sob o comando de Octavio Frias de Oliveira, inovou profundamente também nessa área. Quase diria que a **Folha** revolucionou a mídia brasileira. Refiro-me à adoção da independência como pilar editorial básico do jornal.

Convém antes lembrar que o jornalismo brasileiro nasceu menos para dar informações e mais para defender bandeiras, causas, personalidades, partidos. Nasceu ou cresceu para lutar contra ou a favor da República ou da Abolição, do partido X ou Y. E assim veio até muito recentemente. Ousaria dizer que assim se comportou até que o *impeachment* de Fernando Collor de Mello, em 1992, desmoralizou um jornalismo que o havia tratado como estadista. Dos grandes jornais brasileiros, a **Folha**, exatamente pela independência que adotou como critério editorial essencial, foi a única que não embarcou na onda *collorida*. Ao contrário, tratou-o como deve ser tratado qualquer candidato. Investigou, denunciou as mazelas de seu governo, primeiro na Prefeitura de Maceió, depois no governo do Estado de Alagoas, sem prejuízo de, em editoriais, defender muitas das propostas do candidato.

Esse papel exemplar de independência repetiu-se continuamente ao longo dos anos. Lembro-me do dia em que voltava de Brasília para São Paulo, após ter participado da cobertura do *impeachment* de Fernando Collor. Encontrei no aeroporto um dos principais nomes do jornalismo da Rede Globo de Televisão, que me permito não revelar porque não me deu autorização para tanto, nem imaginava que alguma vez eu mencionaria o episódio. Na conversa, enquanto esperávamos o avião, ele reconheceu o papel relevante que a **Folha** desempenhara em todo o período Collor, como candidato ou como presidente, e fez até uma espécie de *meaculpa* em relação ao jornalismo praticado pela Rede Globo de Televisão, chegando a prever mudanças no comportamento da mídia daí em diante. De fato, a partir de então, o jornalismo brasileiro deixou de ser um apêndice do governo de turno como boa parte havia sido até então.

Os presidentes Itamar Franco e Fernando Henrique Cardoso foram submetidos a um processo de veiculação de informações negativas talvez inédito na história da República. É verdade que, em momentos anteriores, como no pré-golpe de 1964, havia também informações negativas sobre governantes, mas em geral motivadas por intenções políticas e não jornalísticas, como agora parece ser a tônica. Carlos Lacerda atacava o governo Getúlio Vargas, a *Última Hora* defendia o governo Getúlio Vargas, mas, em ambos os casos, fazia-se muito mais política do que jornalismo, ao contrário do que parece acontecer agora, sem desprezar, claro, o papel político que a mídia ainda exerce. Talvez seja pretensão demais, explicável em um jornalista casado com a **Folha** há mais de 20 anos, mas me arrisco a dizer que grande parte dessa nova e mais sadia atuação jornalística se deve à descoberta, pela **Folha**, da independência como formidável artigo jornalístico. Creio que só isso já bastaria para justificar uma cátedra chamada Octavio Frias de Oliveira.

CLÓVIS ROSSI é colunista, membro do Conselho Editorial da **Folha de S.Paulo** e autor de *Enviado Especial* (Senac São Paulo, 1999) e *O Que É Jornalismo* (Brasiliense, 1995), entre outros livros.

EMPRESÁRIO PRIMOROSO, JORNALISTA COMPLETO
Boris Casoy

Em nosso grupo de amigos, a gente sempre brinca com as pessoas dizendo – já que o sr. Frias sempre foi avesso às homenagens, e esta é uma das raras homenagens que ele recebe – que "fulano de tal vai sofrer hoje uma homenagem". Mas hoje ele está recebendo uma homenagem. Quero cumprimentar dirigentes e alunos da Fiam pela justa outorga do título de doutor *honoris causa* ao sr. Octavio Frias de Oliveira e também pela criação da Cátedra de Jornalismo Octavio Frias de Oliveira. Agradeço aos amigos que viram em mim uma das pessoas que estão tendo o privilégio de saudar Frias nesta ocasião.

Além da justiça desta homenagem, tenho certeza de que o sr. Frias a aceitou por conhecer o valor desta organização de ensino e pelo que ela representa para o jornalismo do país. Aí estão, em todos os escalões da imprensa brasileira, profissionais saídos desta casa, produto das idéias e do trabalho do professor Edevaldo Alves da Silva. Melhor prova de qualidade não há. Nos muitos anos que me ligam ao Octavio Frias de Oliveira, jamais – eu repito – o vi aceitar quaisquer honrarias ou homenagens. Honrarias, homenagens nunca fizeram parte do seu mundo. Daí a importância também deste singular evento.

Embora suspeito, devido à fraterna amizade que nos liga, a proximidade com que trabalhei com ele na **Folha** me concede o benefício de observador privilegiado. Peço antecipadas desculpas aos cultores da objetividade jornalística, dentre os quais me incluo e incluo Frias também, por qualquer observação permeada pela emoção que eu possa fazer, mas me sinto neste momento com licença para qualquer tipo de constatação emocional.

Quem vê o sucesso jornalístico e empresarial da **Folha** raramente consegue avaliar os esforços e os sacrifícios, a estratégia e a inteligência que são combustíveis desse sucesso. Não tenho dúvidas em afirmar que a maior parte do mérito disso tudo pode ser atribuído a Frias. Ele e seu sócio, o saudoso Carlos Caldeira Filho, quando aportaram na **Folha**, eram dois empresários ascendentes sem nenhum contato com o mundo da imprensa. E não foi por um golpe de sorte que eles produziram uma empresa jornalística com tal credibilidade e sucesso empresarial. Jornalistas e um sem-número de profissionais de vários setores se envolveram nessa tarefa.

Posso dizer com absoluta tranqüilidade que a mola mestra desse sucesso é Octavio Frias de Oliveira. Ele soube conduzir a empresa. Sou testemunha pessoal de vê-lo, muitas vezes, solitário timoneiro nas tempestades, nas adversidades produzidas pelos planos econômicos de plantão e por avassaladoras crises que têm se abatido sobre este país. Frias sempre soube administrar e canalizar competências e vaidades dos que o cercam. A presença constante em todos os setores da empresa, a disciplina rígida que ele se auto-impõe e as 14 ou 16 horas de trabalho que ele ainda cumpre ajudam a explicar um pouco dos resultados da **Folha**. O meio empresarial conhece a sua competência, mas os resultados gritam muito mais alto, falam por si sós.

Não se justifica o horror que ele tem de ser chamado de jornalista. "Eu não sou jornalista" é uma de suas respostas clássicas. Mas, mesmo sem querer, acabou sendo um jornalista, e da melhor qualidade. Poucos questionam tão bem como ele nas conversas com o poder. Na verdade, além de sua ânsia de conhecer, ele se empenha em ir a fundo nos fatos. O desejo de fazer um bom produto o transforma, às vezes, num crítico ácido de seu próprio jornal, um *ombudsman* informal que se dá à ousadia de telefonar às sete horas da manhã para um diretor de Redação para interpelá-lo sobre a qualidade do produto que está nas bancas. Nenhum Procon faria isso melhor. Dotado de uma extraordinária criatividade, Frias nunca determina, nunca manda, nunca, jamais impõe; sempre sugere, e sugere mesmo. Contestado, desde que com argumentos convincentes, rende-se com tranqüilidade. Sabe ser voto vencido. Mas é voto vencido em nome da melhor verdade e na busca da qualidade do produto.

As discussões políticas e empresariais, muitas vezes envolvendo questões pessoais do "neurotismo" que permeia a produção de um jornal, acabam sendo verdadeiras aulas que Frias proporciona aos profissionais mais moços e a alguns calejados jornalistas, que acabam revelando ter sempre algo a aprender com ele. Algo que vai de coragem a generosidade. Peço perdão mais uma vez pelo aparente pieguismo que minhas palavras possam aparentar, mas acho que esta é a hora de revelar algumas coisas dessa personalidade tão simples, mas ao mesmo tempo tão complexa.

Mais de uma vez, vi Frias repreendendo jovens jornalistas que, impulsivos, procuravam dar o chamado troco a alguém que havia sido injusto com o jornal ou com seu *publisher*. São impulsos próprios da fraqueza do ser humano. A resposta de Frias sempre era "não". "Eu jamais bato em homem deitado."

É claro que todo ser humano tem seus defeitos, e o Frias também tem. Eu posso criticá-lo, porque ele não é mais meu patrão. O defeito mais grave do Frias, defeito que todos nós lamentamos, é que ele é um pouquinho "seguro". Alguns o acham "mão-fechada" demais. Mas ele diz que isso é para o bem da empresa, e todos fazemos força para acreditar nessa versão.

A soma de tudo isso resulta num empresário primoroso, num jornalista completo, num ser humano sensível, que, junto com sua mulher, dona Dagmar, soube dividir bem o tempo entre empresa e família. Aí estão seus filhos ocupando de maneira brilhante seus postos na **Folha**. E não pensem os senhores que eles estão fora do alcance do *ombudsman* implacável; ao contrário, a intimidade permite observações em volume maior e mais veemente.

Pai de família e empresário-jornalista, Frias acaba se revelando, acima de tudo, um amante da liberdade e da democracia. O país deve muito a Octavio Frias de Oliveira. Foi por coragem de Octavio Frias de Oliveira – e disto eu sou testemunha – que a **Folha** se engajou na campanha pelas Diretas. Foi por coragem de Octavio Frias de Oliveira – e sou testemunha – que a **Folha** enfrentou agressões de regimes autoritários e de presidentes eleitos. Foi por coragem e determinação de Octavio Frias de Oliveira que a **Folha**, num momento difícil, escancarou suas páginas a todas as tendências de pensamento e a um amplo leque ideológico. Foi pela coragem e determinação de Octavio Frias de Oliveira que a **Folha** manteve, apesar das pressões, sua independência e seu apartidarismo. Defensor intransigente da independência do jornal, Frias opta sempre pelo Brasil, opta sempre pela democracia. Por tudo isso, ele recebe, repito, esta justa homenagem. Uma homenagem a um brasileiro que coloca toda uma vida a serviço de seu país.

BORIS CASOY é jornalista e âncora do *Jornal da Record*, da Rede Record de Televisão.

UM PAI PURITANO E ILUMINISTA
Otavio Frias Filho

Falar sobre o próprio pai é uma tarefa difícil. Quase todo filho idealiza seu pai. Um filho que faz ressalvas em relação ao pai bem merece o epíteto de ingrato. E um filho que, ao contrário, enaltece seu pai não faz mais que a obrigação. Falta-lhe, além disso, isenção para elogiar alguém tão querido e tão próximo. Repetirá os lugares-comuns que todo filho diz sobre todo pai. Se o pai em questão é alguém que adquiriu notoriedade em sua área de atuação, como é o caso, então a tarefa se mostra quase impossível.

Não é por acaso que Cordélia, a filha exemplar de Shakespeare, quando perguntada a respeito do que tinha a dizer sobre seu pai, respondeu: "Nada". E, instada uma segunda vez a se pronunciar, repetiu ainda: "Nada". Shakespeare, que não desperdiçava falas, quis deixar bem clara a natureza moral do silêncio de Cordélia.

Felizmente não sou Cordélia, e meu pai é quase o exato oposto do pai que dá seu nome àquela tragédia. Não é rabugento, como aquele, nem nunca foi despótico. Nada tem da melancólica mistura de vaidade e ingenuidade do pai de Cordélia. Não ambiciona o ócio, como ele, de uma aposentadoria tranquila e caprichosa.

Ao contrário. Penso que a admiração que hoje em dia cerca meu pai, atravessando de uma ponta a outra o espectro das opiniões, tem muito a ver com sua vitalidade, com sua disposição para continuar a trabalhar, a se interessar pelas coisas, a aprender. Meu pai está hoje com 89 anos e segue seu ritmo de trabalho habitual. Participa de reuniões, acompanha planos de investimento, controla orçamentos, dá idéias de pauta, lê e copidesca editoriais. Até há poucos anos, ele seguia montando a cavalo, hábito ao qual somente renunciou depois de um apelo coletivo da família.

Como não é tarefa fácil falar sobre ele, vou me esquivar de discorrer sobre sua atuação como empresário, como personalidade da imprensa, como figura pública. Da sua conduta pessoal, vou me ater a destacar dois aspectos apenas. Esses aspectos, além de me fascinarem, sempre me deixaram quase intrigado. É em tom de confidência, portanto, estranha confidência em público, que os abordo aqui.

O primeiro deles é que meu pai é um puritano. Essa definição soaria para um homem como ele quase como um insulto. Meu pai despreza os puritanos por achá-los hipócritas. E seria difícil alguém menos hipócrita que meu pai. Estou vendo daqui a cara de aborrecimento dele, entediado com nossa homenagem e agora contrariado por ser chamado de puritano. E pelo próprio filho!

Meu pai fala palavrões, se considera agnóstico, não é indiferente aos prazeres da mesa e eventualmente se demora a observar uma mulher que passa pelo recinto. O tema ainda é objeto de admoestações da minha mãe. Não posso dizer que eles não briguem muito. Sempre brigaram, aliás. Mas outra coisa que me intriga é como é possível que duas pessoas tenham superado as vicissitudes do casamento a ponto de atingirem um estágio de comunhão – e de amor, não há outra palavra – que a maioria de nós dificilmente chegará a conhecer.

E no entanto ele é um puritano. É puritano nos hábitos austeros, quase espartanos. É puritano no seu apego à verdade, um apego que só não é obsessivo porque é, nele, algo espontâneo e natural. É puritano em seu horror de causar dano a quem quer que seja e no costume, rigorosamente observado, de jamais falar mal de alguém, mesmo de um ou outro desafeto.

O outro aspecto que pretendo mencionar é que a sua inteligência viva e concreta – atributo que lhe é reconhecido por consenso geral – não se contém nas convenções, não cabe nas hierarquias. Meu pai sempre foi irônico, por exemplo, em relação a padres e militares (peço perdão pela gafe se houver algum na sala). Ele não acredita em nada exceto no mérito pessoal. Estruturas burocráticas para ele tendem a ser incompetentes, ordens hierárquicas servem para fomentar a mais tola vaidade, verdades estabelecidas muitas vezes são fantasias, toda retórica para ele é ilusão. Exibicionismo, sobretudo no estilo narcisista tão em voga nos nossos dias, é algo que ele desconhece. Nem mesmo a preocupação com a própria imagem, que em proporções razoáveis é normal em todo ser humano, tem lugar importante na vida do meu pai.

Ele sempre gostou de fazer coisas, coisas práticas e úteis. Conheceu altos e baixos na vida, ficou mais sábio por causa disso. Respeita o saber, a cultura, os livros – em viagens, sempre levava a família para visitar museus –, embora nunca tenha escondido que essa não é a área de sua inclinação. Cansei de ver requintados argumentos intelectuais serem fulminados pela agudeza de sua inteligência. E sua ideologia, se posso chamá-la assim, sempre foi: encontre sua vocação e faça o melhor que puder. Seja livre para ser feliz. É o conselho que ele sempre teria dado aos filhos, se fosse de dar conselhos. Não é. Cedo aprendi a conviver com a dúvida e o debate, porque tenho um pai que é iluminista sem se dar conta de que é.

É duro ser filho de um pai assim. Meus irmãos e eu ainda estamos tentando. Felizmente ele continua conosco, cheio de amor pela vida e de entusiasmo por qualquer novidade. Quase todos os pais são, por definição, o melhor pai do mundo. Agradeço a vocês pela oportunidade de dizer duas das muitas razões pelas quais o meu é.

OTAVIO FRIAS FILHO é jornalista e exerce as funções de diretor de Redação da **Folha de S.Paulo** desde 1984. É também autor de *Tutankaton* (Iluminuras, 1991) e *De Ponta Cabeça* (Editora 34, 2000), entre outros títulos.

HISTÓRIA DA FOLHA

HISTÓRIA DA FOLHA: AS DIFERENTES ETAPAS
Maria Helena Rolim Capelato

A **Folha de S.Paulo** tem uma história muito diferente da história do jornal *O Estado de S. Paulo* (Oesp), o tradicional órgão da imprensa paulista. O Oesp foi fundado no século 19 e pertence, desde então, a uma mesma família. É um jornal de longa permanência, motivo de orgulho para seus proprietários. Se por um lado essa característica confere ao periódico respeitabilidade, ao mesmo tempo o impede de realizar as renovações que a **Folha** pôde fazer ao longo desses últimos anos.

A história da **Folha** apresenta quatro etapas bem distintas. O jornal foi fundado em 1921 por iniciativa de um grupo de jornalistas que saiu do próprio Oesp. Esse grupo havia tentado uma experiência que não dera certo: uma publicação chamada *Estadinho*, mais leve e que pretendia atender a um público mais amplo.

O *Estadão* foi um jornal criado pelas elites e para as elites: era um jornal das "classes bem pensantes" do país, que se julgavam responsáveis pela educação do povo brasileiro. Em torno da sua Redação tomou forma o projeto de criação da Universidade de São Paulo, tendo como eixo a Faculdade de Filosofia, Ciências e Letras, cujo objetivo era formar os quadros para a administração do país do ponto de vista tanto político como cultural.

As *Folhas* surgiram com um outro perfil. O grupo de jornalistas que tentou formar um jornal voltado para outras camadas da população, depois do fracasso da primeira experiência, propôs-se a criar um novo jornal; esse projeto contou com a colaboração do Oesp, sobretudo no que se referia à utilização de seu parque gráfico. Os dois grandes nomes desse grupo foram Olival Costa e Pedro Cunha, que decidiram criar, num primeiro momento, a *Folha da Noite*, pretendendo abarcar um público leitor que não era atingido pelo *Estadão*, ou seja, um público mais amplo, das classes menos favorecidas. Com o novo jornal, pretendiam chegar a atingir até mesmo o operariado. Acabaram ficando restritos a uma faixa de classe média.

O projeto inicial apresentava a proposta de identificar-se com o povo, e, por esse motivo, utilizavam uma linguagem e imagens visando a essa finalidade. Criaram o boneco-símbolo (Juca Pato), que representava um homem pequeno, careca, usando um terno surrado, apertado, e gravata-borboleta, e que traduzia mais a imagem da classe média baixa do que a do povo/operário. Pretendia ser o porta-voz desse segmento social.

A *Folha da Noite* era um jornal que se preocupava sobretudo com a vida urbana, com os problemas cotidianos da cidade de São Paulo. Tinha um discurso nessa direção. No plano político, seguia uma linha próxima do Oesp, que na década de 1920 já se manifestava como opositor do regime. A *Folha da Noite* fez tanto sucesso que já em 1925 foi lançada a *Folha da Manhã*.

No final da década, a sociedade entre Olival Costa e Pedro Cunha se desfez. Olival Costa, o mais combativo, abandonou o jornal, e Pedro Cunha passou a apoiar o governo de Washington Luiz. Essa nova postura resultou no empastelamento do jornal após a vitória da Revolução de 1930.

Teve início nessa época uma nova fase do jornal, bastante distinta. Otaviano Alves de Lima adquiriu o jornal. Era membro de uma família tradicional, ligada à produção e ao comércio de café, e imprimiu ao jornal uma direção muito peculiar. O novo proprietário era defensor do agrarismo. Ele tinha tomado contato, nos EUA, com a doutrina georgiana, que defendia a necessidade de priorizar a agricultura. Como nos anos 1930 o novo governo brasileiro dera início a uma política de valorização do urbano-industrial, o projeto de Otaviano ia na contramão da história. Ele batalhou inúmeras vezes para que fosse adotado no Brasil o "imposto único", sobretudo no plano agrário. Essa fase não deixou grandes marcas. O jornal foi vendido em 1945, e nessa ocasião Otaviano fez um depoimento em que se revela frustrado devido à não-realização do projeto que defendera com tanto entusiasmo.

Em 1945, já existia a Empresa Folha da Manhã; em 1949, surgiu a *Folha da Tarde*. A direção da **Folha** passou a seguir um caminho completamente diferente das anteriores, mais voltado para uma perspectiva da burguesia modernizadora; houve um grande investimento na infra-estrutura empresarial.

Nessa época, estavam à frente do jornal José Nabantino Ramos, Alcides Ribeiro Meireles e Clovis Medeiros Queiroga. Dentre eles, destacava-se a figura de Nabantino Ramos. A **Folha** ainda se definia como jornal da classe média, mas o salto empresarial fora muito importante, permitindo a expansão do jornal para o conjunto da sociedade. A empresa assumiu um compromisso de defesa da modernização e urbanização, com ênfase na racionalidade e no planejamento. Projetou para o Brasil as metas de mudança realizadas internamente e realizou uma série de campanhas nesse sentido.

Nabantino estabeleceu, além de um programa de metas de ação para a empresa, normas de trabalho que implicaram a divisão da Redação, em 1959. Sua idéia era transformar a **Folha** numa escola de jornalismo, e, para isso, oferecia cursos aos jornalistas. Contava com uma excelente equipe; dentre muitos, caberia destacar Mario Mazzei Guimarães, que fazia uma crônica diária denominada "O Sal de Cada Dia", com a qual angariou muitos leitores.

Dentre as campanhas realizadas pela **Folha**, cabe mencionar as que defendiam as reformas de base no país.

Em 1960, Nabantino fundiu a *Folha da Manhã*, a *Folha da Noite* e a *Folha da Tarde* em um só jornal, a **Folha de S.Paulo**. Em 1962, abandonou o jornal, que foi comprado por Octavio Frias de Oliveira e Carlos Caldeira. Nabantino deixou o jornal muito desgostoso, em decorrência de uma greve de jornalistas que teve grande repercussão.

A nova fase do jornal coincidiu com um momento de grave crise política e inflacionária. Segundo Nabantino, o jornal pôde sobreviver graças à estabilidade que as mudanças estruturais trouxeram à empresa. O novo grupo soube tirar proveito desse benefício. Nessa quarta etapa, o que caracterizou a **Folha** foi a capacidade de resistência diante das dificuldades econômicas e dos conflitos políticos e sociais. Atravessou o golpe de

1964, sofreu as conseqüências dele e pagou o preço de tê-lo apoiado. Mas a grande preocupação continuou sendo a modernização do jornal e do país.

Nesse período, o jornal não tinha uma posição política muito bem demarcada, mas tomou decisões importantes diante de alguns episódios. Por exemplo, em 1977, quando Lourenço Diaféria, um dos jornalistas do corpo editorial, foi preso por ter escrito matéria que desagradou ao governo, Octavio Frias se retirou oficialmente da direção da **Folha**. A partir desse momento, a direção do jornal passou a fazer uma importante revisão de seus projetos, políticos principalmente.

Em 1974, houve uma modificação das metas do jornal. O processo de abertura política contou com sua importante participação. A partir desse momento, teve início uma disputa entre empresas jornalísticas – **Folha** e Editora Abril, através da *Veja* –, em torno do pioneirismo do apoio ao movimento das Diretas-Já. Isso ocorreu na metade da década de 1980, momento em que a grande imprensa brasileira, que na sua maioria apoiara o golpe de 1964, passou a fazer oposição ao regime militar. Os tempos eram outros, e a **Folha** começou a conquistar papel de maior destaque no país, o que lhe garantiu a liderança até hoje mantida no quadro nacional.

MARIA HELENA ROLIM CAPELATO é professora do Departamento de História da Faculdade de Filosofia, Letras e Ciências Humanas da Universidade de São Paulo e autora de *História da* **Folha** *de S.Paulo (1921-1981)* (co-autoria com Carlos Guilherme Mota; Impress, 1981) e *Os Arautos do Liberalismo: Imprensa Paulista 1920-1945* (Brasiliense, 1989), entre outros livros.

JORNALISMO, DISSEMINAÇÃO E DEMOCRACIA
Nicolau Sevcenko

Partirei de um fato paradoxal: os historiadores nem sempre se sentem à vontade trabalhando com o jornal como documento. Vamos qualificar essa afirmação: depende do jornal e do período. A gênese do jornalismo moderno se deu nos séculos 18 e 19, em que a burguesia lutava contra o Estado absolutista para constituir um Estado burguês de base parlamentar que fosse propício ao pleno desenvolvimento político e econômico. Portanto, o jornalismo nasceu como um instrumento, uma ferramenta destinada a ser utilizada no processo de luta política na difusão doutrinária e ideológica. Não há historiador que estude esse momento de luta contra o Estado absolutista e, depois, o processo de instalação e consolidação do Estado burguês liberal parlamentar que não use como fonte básica os jornais, porque estes refletiam a concepção do liberalismo, da nova burguesia. Os jornais tinham a função de difundir esse ponto de vista para criar uma opinião pública (a expressão é típica do século 19) que consolidasse, que desse base de sustentação para esse projeto político.

No século 20, há o oposto: o surgimento de uma série de jornais, em geral marginais, fora do contexto de uma grande empresa, com um recorte ideológico muito nítido de crítica antiliberal. O contraponto ao que a burguesia fez no momento da formação do Estado burguês os grupos radicais fizeram ao longo dos séculos 19 e 20, lutando contra o Estado burguês. Da mesma forma surgem os jornais de conteúdo socialista, comunista, anarquista, radical, que são caracterizados também por discursos doutrinários bastante articulados, tendo uma função de catequese, de converter as pessoas a esse ideário, no intuito de formar uma base social de confrontação ao Estado burguês. Esse tipo de jornal e jornalismo é uma fonte básica de pesquisa, sendo também altamente valorizado pelos historiadores.

As dificuldades para a prática histórica se manifestam quando surge um tipo de jornal de ampla circulação e de público variado, sobretudo em meados do século 19 e cada vez mais em direção ao século 20. Esse jornal vai ter um conteúdo tão discrepante, com tantas fontes e tantos pontos de vista, que ao pesquisador vai parecer caótico, fragmentado, descontínuo, heterogêneo e, por isso, muito difícil de ser trabalhado. A razão para isso é que o jornal, a essa altura, passa a se articular com outras forças, como os mercados, as empresas, os grupos de interesses, as associações de classe, as corporações, os partidos políticos e o próprio Estado e sua malha burocrática. Também se deve à maneira pela qual o Estado e suas múltiplas agências passam a ser uma fonte de financiamento do jornal e à participação direta do público, através das seções abertas em que as pessoas tinham as cartas publicadas.

O jornal passa a subsistir através desse variado arranjo que envolvia verbas oficiais, publicidade das empresas e ampla variedade do público leitor e consumidor, tanto assinantes como de venda avulsa. Quando ele tende a refletir todas as suas perspectivas, mercado, Estado, projetos editorial e político, posições dos leitores, ele vai se tornando cada vez mais complicado. A tendência a partir daí é a de os historiadores trabalharem com determinados focos dentro do jornal, e não o jornal como um todo. Em especial os conteúdos editoriais, que refletem a opinião da empresa que encabeça o jornal e, portanto, suas conexões políticas mais evidentes, como na clássica tendência do jornalismo político desde o início do século, ou então as colunas e seções assinadas, que formam como que bolsões de sentido articulado e em séries que têm uma duração contínua e que podem ser desdobradas ao longo do tempo.

Mas o jornal como um todo se torna menos e menos possível de ser apreendido pelo pesquisador, na medida em que incorpora tanto material heterogêneo. Esse é o aspecto dos jornais atuais e, em particular, é o aspecto da **Folha**, com a qual eu trabalhei na organização do livro *Primeira Página*. Quero fazer um resumo de como chegamos a essa situação. Isso ocorre em quatro fases.

O jornalismo político nasce na luta contra o Estado absolutista. A Revolução Industrial, quando se dá uma expansão comercial e surgem as chamadas cartas de notícia. Essa revolução é simultânea às revoluções francesa e americana; portanto, ela compõe praticamente o mesmo processo histórico. A burguesia chega ao poder, passa a consolidar-se não só politicamente, mas também economicamente, através de suas relações internacionais, criando redes de conexão com as quais captava matéria-prima nas áreas coloniais, subalternas ou periféricas, transportava-as para a Europa e depois redistribuía as mercadorias para essas mesmas áreas.

Em um segundo momento, houve a extensão da rede comercial. Os funcionários das empresas tendiam a escrever cartas noticiando o que se passava, aquilo que estava prestes a acontecer ou aquilo que tinha possibilidade de se tornar um elemento de interesse para os projetos empresariais ou políticos das potências européias. Escreviam em um tom impessoal, ao contrário da carta íntima, familiar. Essa carta comercial era dirigida não a uma pessoa, e sim a todo o corpo da empresa. O funcionário escrevia só no meio, deixava as margens livres. O texto passava de mão em mão, e as pessoas comentavam à medida que liam; a carta ia se modificando, as margens ficavam preenchidas, e as costas da carta eram cobertas. Com o tempo, houve a idéia de publicar, de imprimir nos jornais essas cartas, que antes tinham apenas um conteúdo político e econômico circunscrito a seu âmbito de circulação.

O terceiro momento é o da revolução científico-tecnológica, ao redor de 1870, quando são incorporados novos potenciais políticos, energéticos, sobretudo a eletricidade e os derivados de petróleo, criando os grandes complexos industriais, já configurando aquilo que se identifica como economia moderna e dando início a uma intensa expansão européia que vai caracterizar o período chamado de imperialismo, a era dos impérios. Há uma transformação dos recursos de transporte e comunicações, o desenvolvimento das grandes redes ferroviárias, do transporte aéreo, o surgimento dos grandes transatlânticos, do telégrafo etc. Os impérios se tornam amplos, o capitalismo se consolida. É cobrada uma maior expansão do jornalismo. A informação jornalística passa a ser cada vez mais concisa, especializada e variada.

O quarto momento, o período das guerras, começa com a Primeira Guerra Mundial e permanece com a Guerra Fria. Teve conseqüência peculiar por impulsionar essa esquizofrenia do jornal, com um assunto pulando direto para outro diverso e assim por diante. Dada a situação de guerra, todas as matérias são submetidas à censura. O jornal assume uma homogeneidade maior na medida em que não se admite a divergência política, mas, por outro lado, essa mesma neutralização do foco de confronto enseja um momento de multiplicação discursiva, de dispersão, de dissolução, de diluição dos sentidos. Por aqui, começa o período de originalidade da **Folha**, na medida em que ela se deixa permear por essa multiplicação discursiva.

Durante o período crítico da Guerra Fria e da ditadura militar, surgiu uma série de jornais engajados com linguagens alternativas, com conteúdos que escapavam daquela lógica dualista e maniqueísta e que confrontavam os consensos de base nos quais se apoiava o jornalismo conservador. O diferencial da **Folha de S.Paulo** foi abrir-se primeiro às influências e depois aos próprios personagens que encabeçavam essas experiências. Ela permitiu que o jornal fosse penetrado por essas vozes que traziam conteúdos alternativos e deslocados do sistema dominante de valores. É essa penetração que causa uma certa resistência à peculiaridade da **Folha** por algum tempo. Hoje ela é vista como o filão que definiu o perfil de singularidade da **Folha de S.Paulo**, mas, em um certo momento, foi tida como o oposto, como o antípoda do pensamento racional e conseqüente que, em princípio, o jornalismo devia representar naquela conjuntura de intenso conflito político.

Essa era mais ou menos a situação quando fui convidado para organizar o livro *Primeira Página* – **Folha de S.Paulo**, *1925-1985*. A **Folha** foi o fórum das vozes da oposição no percurso da derrubada da ditadura e da abertura democrática, e eu me considerava grandemente beneficiado pela massa de informação e pelo processo de agenciamento pelo qual a **Folha** me fez sentir parte daquela luta comum que ela alimentava e que, de alguma forma, levava as pessoas para a rua, na confrontação com o regime autoritário. Para mim havia alguma coisa mal resolvida, e eu aceitei o encargo um pouco como desafio.

Levei um ano estudando os arquivos em que a professora Maria Helena Capelato andou trabalhando, para fazer a seleção das primeiras páginas. Aprendi muito. Entre 1985 e 1986, eu estava tendo um maior envolvimento com a filosofia hermenêutica, e as duas partes se casaram admiravelmente – aquela que eu vivia no meu universo acadêmico e aquela que eu passei a viver nos arquivos da Redação da **Folha**. Existem dois modelos básicos de comunicação, conforme nos ilustra a hermenêutica. Aquele que prevalece, o de Platão, pressupõe um mundo fechado onde as pessoas que passarão pelo processo comunicativo são altamente selecionadas. Nesse processo, quem tem o papel preponderante é o emissor. O receptor sofre um esvaziamento para receber as informações do mentor. O segundo modelo é conhecido como "Sermão da Montanha": o da comunicação condicionada pelas circunstâncias contingentes, sem controle da forma como se dará a recepção. É o que se chama em hermenêutica de "disseminação", em que o emissor transmite, mas o primado é do receptor. Trabalhei em torno desses dois modelos, considerando a produção e a recepção de textos e imagens dentro de horizontes imprevisíveis, no sentido de que quem os produz e arranja não tem controle sobre quem vai recebê-los; e quem os recebe não tem compromissos com os significados supostos por quem os produziu. Ou, para pôr essa mesma equação em outras palavras, um pouco mais técnicas, não há uma correspondência necessária entre a codificação e a decodificação das matérias expostas na primeira página de um jornal. Para onde, então, eu deveria fazer pender meus critérios de seleção? Para as intenções da Redação ou pelo impacto que os textos e as imagens tiveram ou não sobre o público, por razões que foram, antes de mais nada, contingentes e subjetivas? Eu conhecia os desdobramentos que a história traria, mas nem os editores nem os leitores, quando o jornal circulou, poderiam adivinhar que curso os eventos em destaque haveriam de tomar. O mundo da Redação e dos leitores era um entre os universos possíveis, de circunstâncias e contingências imprevisíveis. O meu mundo era o da análise de processos que eu percebia como já configurados. O senso comum diria que eu estava em vantagem, mas, na verdade, descobri que eram eles. Daquele exercício contínuo e quase desesperado de tatear no escuro, eles derivavam um aprendizado que me foi muito útil, o de que nenhum processo nunca está consumado. Toda comunicação é, por definição, parcial, provisória, incompleta e contingente. O mundo para nós parece habitual e consistente. E essa é a razão pela qual a gente compra jornal e lê logo de manhã: para confirmar que as coisas continuam no lugar e que estão no ritmo devido. Do ponto de vista da Redação, no entanto, acontece o oposto: é na quebra da rotina que está a notícia, é das crises que ameaçam a ordem das coisas que o jornal se alimenta. A comunicação é uma aventura arriscada e sem garantias. Ela é um projeto incompleto, aberto e sempre sujeito a revisão radical pelo efeito das próprias contingências em meio às quais ela se esforça para articular algum sentido.

Nessa sua condição fluida e evasiva, se ela se justifica não é pelo esforço de revelar alguma verdade transcendental, mas pelo de contemplar as expectativas que palpitam no meio social e dar-lhes o respaldo da solidariedade, a coesão da esperança coletiva, e difundir a convicção de que nenhuma voz deve prevalecer sobre outras para que se estabeleça a justiça do reconhecimento mútuo e da autonomia inalienável de cada criatura. Esse foi o maior ensinamento que me deu a experiência da organização do livro *Primeira Página* da **Folha de S.Paulo**.

NICOLAU SEVCENKO é professor de história da cultura no Departamento de História da Universidade de São Paulo e professor visitante do King's College da Universidade de Londres, onde também é membro do Centro de Estudos de Cultura Latino-Americana. Autor de *Orfeu Extático na Metrópole* (Companhia das Letras, 1992) e *Pindorama Revisitada* (Fundação Peirópolis, 2000), entre outros livros.

HISTÓRIA DA FOLHA: BREVE CONVERSA SOBRE A MÍDIA
Boris Fausto

Este texto, como o título indica, é na realidade uma breve conversa, tendo como referência as expressões da mídia, ao longo principalmente de minha história pessoal.

As fontes mais importantes de informação para nós, público letrado, nos anos 30 e 40 do século passado, eram o rádio, os jornais, as revistas e, no plano das imagens, o cinema. Antes de falar do jornal, vale a pena falar dessas outras fontes. Uma constatação significativa diz respeito ao papel do rádio. Muitas vezes, tende-se a ignorá-lo, devido ao impacto atual das imagens televisivas. Mas o rádio, a partir dos anos 30, ganhou importância como fator de entretenimento, de informação, fato, aliás, que acontece ainda nos dias de hoje. No período anterior a 1930, havia uma precariedade da comunicação. O som era pouco nítido, e se ouvia com muita dificuldade. Além disso, grandes nomes incentivadores do rádio, como Roquette Pinto, defendiam sua utilização para fins estritamente culturais, limitando a audiência do grande público. Isso mudou, na virada dos anos 30, com o avanço dos programas de entretenimento e o surgimento dos cantores populares, nos programas de auditório. Politicamente, o grande momento de inflexão se deu com a Revolução Paulista de 1932. A elite de São Paulo utilizou o rádio como elemento mobilizador da população com bastante eficácia, destacando-se as proclamações inflamadas na voz de César Ladeira.

O papel do rádio se manteve e cresceu durante a Segunda Guerra Mundial. Uma das fontes de informação importantes dessa época foi o *Repórter Esso* – "o primeiro a dar as últimas" –, de responsabilidade do jornalista Heron Domingues. Hoje, o rádio modela muitas atitudes, influencia opiniões, sobretudo com relação às pessoas que têm melhores possibilidades de ouvi-lo, independentemente do fato de que também se divulgue pelo rádio uma enxurrada de coisas absolutamente lamentáveis. Seja como for, é comum pessoas com horários flexíveis, ou categorias como a dos motoristas de praça, ouvirem muito rádio. Para ficar em um exemplo, a CBN é um veículo que fornece uma massa de informação importante e bem organizada à população. No caso do motorista de praça, é curioso observar como muitas vezes ele transmite ao passageiro as notícias de impacto imediato de que este ainda não tomou conhecimento.

Por outro lado, o cinema foi, e em certa medida continua sendo, um veículo formador de gostos, de imitação, ao embalo das grandes produções de Hollywood. Em uma cidade como São Paulo, antes da aparição da TV, os cinemas concentravam um grande público, especialmente em bairros populares como o Brás, onde existiam os imensos "templos", como o Universo, o Brás Politeama e outros. Isso é bastante conhecido. Menos conhecido é o fato de que o cinema foi uma significativa fonte de informação, principalmente pela via das imagens, aliás superada inteiramente pela velocidade da televisão, em nossos dias. A possibilidade de acompanhar um espetáculo de horror, ao vivo, como o 11 de setembro em Nova York, seria coisa de *science fiction* há algumas décadas. O público dispunha apenas do *Jornal de Atualidades*, apresentado no cinema, considerando-se "atualidades" algo que se passara duas ou mais semanas atrás. Mas para a gente que viveu a época anterior à televisão, o *Jornal de Atualidades*, especialmente com imagens de fatos internacionais, era intensamente aguardado. Em vez de sermos obrigados a assistir à propaganda que hoje antecede os filmes, víamos cenas apenas imaginadas quando haviam sido noticiadas pelo rádio ou pelo jornal. No curso da Segunda Guerra Mundial, especialmente, cenas de batalha, de bombardeios, de navios afundados, de populações em desespero diziam às vezes mais do que muitas palavras.

Com isso, chego ao jornal, fonte de informação a que estou absolutamente ligado, pois desde menino leio os dois grandes jornais de São Paulo – a **Folha** e o *Estado* –, o que significa que mantenho esse hábito há quase 60 anos. Um dia, conversando com um amigo, aproximadamente da minha idade, comentei com ele que sabíamos uma quantidade de coisas, importantes e desimportantes, desconhecida pela maioria das pessoas. E ele me disse: "É claro, a escola tem importância, a leitura de livros também, mas o jornal produziu em nós uma certa forma de conhecimento que traz sua marca".

É curioso como o jornalista tende a ser cético com sua produção, insistindo, por exemplo, em desvalorizar o jornal do dia anterior como "papel que só serve para enrolar peixe na feira". Eu, que não sou jornalista profissional, tenho muita atração por edições passadas, até porque o jornal, bem trabalhado, é uma fonte histórica de primeira grandeza. Lembro também que os colunistas, sobretudo os diários, criam uma espécie de corrente comunicativa com os leitores, tecida de amor e de ódio, só possível pela continuidade. Ao longo do tempo, o jornal estabelece um diálogo com o leitor – embora ele tenha a palavra mais forte –, conduzindo, como ninguém ignora, à formação de uma opinião pública.

Lembro também que o jornalista, em sua atividade, aproxima-se do historiador contemporâneo, ou ultracontemporâneo, aquele que faz a história imediata. Existe nessa atividade um envolvimento profundo com o momento que se está vivendo, ou se acabou de viver, em grau muito maior do que quando se escreve a história de um passado mais ou menos remoto.

Outra coisa significativa é que a leitura de um bom jornal nunca é uma atividade passiva. Como leitor, cada um de nós tem uma forma de encarar o noticiário, os recortes de assuntos que entram ou que são ignorados, as sugestões às vezes ilusórias de muitas manchetes etc. Para isso, nada melhor do que ler pelo menos dois bons jornais, percebendo suas aproximações e diferenças. É também um exercício muito instrutivo ler a seção de cartas de leitores, revelando que eles não são receptores passivos. Às vezes, em um mesmo dia, sobretudo em época de eleições, surgem acusações apaixonadas, diametralmente opostas, no sentido de que o jornal está a serviço desta ou daquela candidatura, deste ou daquele partido.

Deixo uma questão final nestas breves considerações: conseguirá o jornal, como veículo de informação e de formação, subsistir às novas formas de comunicação e às tendências estruturais de um mundo globalizado? Espero que sim e acredito que por muito tempo haverá um público capaz de apreciar a especificidade e as virtudes de um bom jornal. Mas, sem dúvida, há riscos nessa continuidade, riscos que não estão muito definidos no Brasil, mas que já se atualizaram em um país como os Estados Unidos.

A tendência à criação de grandes redes de entretenimento vem ameaçando a independência da imprensa e distorcendo seus objetivos. No âmbito das grandes corporações, o jornal se torna às vezes um veículo a mais de marketing ou, na melhor das hipóteses, subsiste como uma espécie de selo de qualidade. Mas, se essa tendência é muito forte, existe um público leitor que se afeiçoou ao bom jornal, tanto quanto ao bom livro; é preciso reproduzir esse gosto nas novas gerações.

Enfim, os decretos de mortes prematuras são muitas vezes ignorados pelos fatos. Oxalá esse seja também o caso da imprensa.

BORIS FAUSTO é historiador, professor aposentado do Departamento de Ciência Política da Universidade de São Paulo, colunista da **Folha** e autor de *História do Brasil* (Edusp, 2002) e *Pensamento Nacionalista Autoritário* (Jorge Zahar, 2001), entre outros títulos.

POLÍTICAS DE ANTECIPAÇÃO: A FOLHA NA ABERTURA DEMOCRÁTICA
André Singer

Este depoimento pretende lembrar um pouco o que foi a evolução do Projeto **Folha** na sua relação com a abertura política que o Brasil viveu de 1974 a 1984. Convém lembrar, antes de mais nada, que a campanha das Diretas, de 1984 – episódio ao qual a **Folha de S.Paulo** em geral é associada –, foi apenas o resultado final do longo processo de transição que se iniciou dez anos antes.

Cabe ressaltar, também, que a campanha das Diretas não era o fim necessário da transição que começou a ser projetada em 1974 pelo general Ernesto Geisel. Ela foi o fruto da relação entre forças políticas e sociais que se contrapuseram no período, entre as quais a **Folha** teve um papel particular.

Ao mesmo tempo que o caráter da transição iniciada pelos militares interferiu na evolução do jornal e, assim, na formação de uma imprensa independente no Brasil, a ação da **Folha** teve conseqüências para o formato que adquiriu a passagem para a democracia. Por isso, creio que vale a pena refletir sobre essa relação entre a abertura e a **Folha**.

Como se sabe, há uma discussão historiográfica a respeito da natureza da abertura política. Nela, costumam-se contrapor dois pontos de vista. De acordo com o primeiro, a transição veio de baixo para cima, como efeito de pressões políticas que os militares já não podiam mais suportar. Teria sido, dessa maneira, uma conquista do movimento popular e democrático. Do segundo ponto de vista, a transição surgiu de cima para baixo. Teria sido uma iniciativa dos militares, evidentemente aproveitada pelos movimentos de oposição ao regime.

Embora eu preferisse adotar o primeiro ponto de vista, analiticamente creio que é o segundo o que tem maior proximidade com os fatos. Mas, como na história sempre distintos elementos se conjugam para produzir determinada conjuntura, cumpre reconhecer que a iniciativa dos militares também resultou, em alguma medida, da manifestação popular e da oposição democrática anterior.

Estabelecido esse marco geral, gostaria de mostrar aqui, de um lado, o processo de constituição do Projeto **Folha** como produto da abertura política e, do outro, como a **Folha** influenciou na abertura, ajudando para que ela culminasse numa verdadeira transição para a democracia.

A **Folha**, jornal fundado em 1921, adota em 1974 a decisão de se tornar competitiva no que diz respeito à influência sobre a opinião pública. O interessante é que essa decisão da **Folha** tem tudo a ver com o início da abertura política. De acordo com o que está registrado na própria **Folha**, esse passo decorreu de um encontro entre o *publisher* da **Folha**, Octavio Frias de Oliveira, e o general Golbery do Couto e Silva, em janeiro de 1974.

O general Golbery ocupava-se, então, da montagem do governo Geisel, que tomaria posse alguns meses depois. Golbery chama Frias de Oliveira para uma reunião no Rio, na qual ele comunica uma novidade importante: o regime decidira iniciar uma abertura política no país.

Observe-se que o regime militar era, naquele momento, ainda muito forte. Vinha de um período de crescimento econômico extraordinário, ocorrido na segunda metade dos anos 1960. O choque do petróleo de 1973, embora importante, ainda não tinha sido capaz de abalar o governo, e as eleições de 1974 e 1978, evidentemente, ainda não haviam acontecido. De modo que, a meu ver, o encontro de Golbery e Frias de Oliveira é revelador de que houve uma decisão dos militares brasileiros de promover a abertura política *antes que o regime se enfraquecesse*.

Mas a abertura poderia resultar ou não na plena democratização do país, e esse é um outro ponto importante no que diz respeito à interpretação dos acontecimentos da época. A transição, nas palavras do próprio presidente Geisel, deveria ser uma transição lenta, gradual e segura. Mas para onde? Poderia, por exemplo, ocorrer a institucionalização de uma forma política que ficasse entre a democracia plena e uma democracia restrita (como, em certa medida, ocorreu no Chile na década seguinte). É claro que esse planejamento da abertura política tinha a ver com a expectativa de que o partido do governo, no caso a Arena, pudesse manter a maioria. Isto é, fosse capaz não só de conduzir a abertura como de continuar no governo depois de concluída a transição.

O plano não era absurdo. De certa maneira, por obra de uma fatalidade (a doença e a morte de Tancredo Neves), o país foi governado por um ex-presidente do partido de apoio aos militares até 1990. Em resumo, o projeto iniciado em 1974 tinha uma contrapartida: a de que, antecipando-se ao movimento da democratização, talvez o poder fosse mantido sob controle da direita.

No entanto, reportagem de Mario Magalhães publicada por ocasião dos 80 anos da **Folha**, em 2001, revela ainda mais sobre os planos do regime militar nos idos de 1974. Na conversa já referida, o general Golbery também comunicou a Octavio Frias de Oliveira o interesse do futuro governo Geisel em evitar que houvesse apenas um grande jornal em São Paulo. O general Golbery teria dito que o futuro governo temia um novo 32.

Como se sabe, a Revolução Constitucionalista de São Paulo, em 1932, contra o governo Getúlio Vargas, foi promovida por setores que tinham no jornal *O Estado de S. Paulo* uma espécie de ponta-de-lança. O que poderia significar um outro levante de São Paulo contra o governo federal em plenos anos 1970 é uma pergunta que deixo no ar, pois não consigo atinar bem o seu significado.

O fato é que Golbery comunica naquele encontro, em primeiro lugar, que haverá uma abertura política efetiva. Em segundo, que interessa ao governo que não haja apenas um jornal importante em São Paulo. Para efeito do que desejamos entender aqui, os dois comunicados são relevantes. Eles revelam que o novo governo considerava importante, para levar adiante a abertura, estabelecer vínculos com determinados veículos de comunicação. Não por acaso, na mesma época, cria-se uma relação forte entre o projeto de abertura e a revista *Veja*. A revista começa a divulgar informações que ajudam o governo a combater a linha dura, que se opunha à redemocratização, mesmo restrita.

Um dos primeiros testes do projeto aberturista se dá quando o jornalista Vladimir Herzog é morto sob tortura, em 1975. Ao publicar informações verídicas sobre o caso, a imprensa aumenta a pressão no sentido de coibir e desmontar a linha dura.

Para fazer isso, a imprensa precisava acreditar na abertura (os jornais e revistas ainda estavam sob censura no momento em que o movimento aberturista se inicia). Era necessário dar um voto de confiança no projeto de abertura – o que naquele momento era duvidoso.

Hoje parece tudo muito claro. Parece óbvio que haveria uma abertura e que ela resultaria na democracia plena. Mas naquele momento nada era claro. Segundo depoimento de Rui Lopes, que deixava de ser o diretor de Redação da **Folha** e voltava a ser diretor da Sucursal de Brasília, depois do encontro com Golbery, Octavio Frias de Oliveira promoveu um conjunto de reuniões entre a cúpula da **Folha**, que incluía Otavio Frias Filho, Boris Casoy, Cláudio Abramo e o próprio Rui Lopes. Esse grupo faz uma espécie de pacto, segundo a expressão do Rui Lopes. O pacto é o de aproveitar a abertura para consolidar a **Folha** e dar início ao projeto de criar um jornal de opinião. Esse projeto, de fazer da **Folha** um jornal de opinião, coincide também com o processo de evolução da própria **Folha**, no qual o jornal está em condições de ter uma independência técnica e financeira. O jornal não tinha compromissos com bancos, nem com governos, que o impedissem de tomar uma posição de independência.

A conquista de independência editorial, que vai permitir à **Folha** disputar a influência sobre a opinião pública, só se dá, evidentemente, a partir do momento em que ela tem independência material para fazer isso. Há, então, uma coincidência entre o momento de abertura política do país e a evolução da **Folha** como empresa. São movimentos independentes, mas que coincidem no tempo.

O processo que estamos discutindo aqui se inicia, portanto, em 1974 e culmina com o movimento das Diretas, em 1984. A primeira fase, que vai de 1974 a 1977, é aquela em que a **Folha** faz uma reforma jornalística, uma reforma gráfica, e traz colaboradores como Paulo Francis e Alberto Dines, provenientes da experiência jornalística dos anos 1950 e 1960, em que a imprensa do Rio de Janeiro se modernizou. (O *Jornal do Brasil* fazia desde o fim dos anos 1950 o tipo de imprensa que existe nos EUA, com grande qualidade técnica. A reforma do *Jornal do Brasil* vai ser repetida em outros moldes pela **Folha** no período de 1974 a 1977.) Essa reforma vai ser executada pelo então diretor de Redação, Cláudio Abramo, que havia feito reforma semelhante em *O Estado de S. Paulo*, quando fora secretário de Redação, anos antes.

Talvez o símbolo mais forte dessa reforma seja a constituição das páginas 2 e 3 da **Folha** com as características gerais que ainda mantêm e, particularmente, a criação da seção "Tendências/Debates", que segue com o mesmo nome sugerido por Cláudio Abramo. Nesse espaço, começam a escrever personagens que estavam banidos da vida política brasileira durante o regime militar, como Almino Affonso, Miguel Arraes e depois Fernando Henrique Cardoso. Com essa abertura para a oposição, o jornal se torna o espaço privilegiado de debate no país, porque traz para o debate público os setores de centro-esquerda e esquerda que estavam fora dele. A **Folha** se beneficia muito da percepção – que vem daquele encontro entre Golbery e Octavio Frias de Oliveira – de que a abertura iria de fato acontecer. A **Folha** arrisca-se nessa abertura e ganha com isso.

Como a história é cheia de armadilhas, esse risco implicou uma espécie de passo em falso, em setembro de 1977, que abre o segundo período da nossa história. Uma coluna do jornalista Lourenço Diaféria com críticas ao ministro do Exército – ao Exército, na verdade – dá o pretexto para que a linha dura, por meio do governo, tente impedir a **Folha** de continuar na linha definida em 1974.

Mas, se a **Folha** estava fazendo aquilo por influência e estímulo do próprio governo, como é que o governo vem pressionar a **Folha**? Bom, porque a história é assim mesmo, as coisas não são em branco ou preto, elas têm um movimento mais sutil. A **Folha** é punida pela aposta que vinha fazendo e em razão da qual vinha crescendo. Para ter uma idéia, de 1974 a 1977, a **Folha** aumentou a tiragem de 200 mil para 300 mil exemplares por dia, o que não é pouca coisa. Isso representa a vitória da **Folha** em tentar se tornar um jornal fortemente competitivo. E é nesse momento que a **Folha** recebe a ameaça, por via do chefe da Casa Militar, Hugo Abreu, de que seria suspensa caso não tomasse medidas para marcar um recuo, medidas que, de alguma forma, teriam que representar um recuo da **Folha**. A **Folha** adota então a estratégia de pedir a Cláudio Abramo que deixe a direção de Redação e chama Boris Casoy para assumir o cargo.

Boris, tido como um jornalista conservador, era uma figura que tinha a chance de ser vista como mais confiável pela linha dura. Ele assume a direção de Redação, e a **Folha** faz uma série de mudanças: o *publisher* Octavio Frias de Oliveira tira o nome da primeira página do jornal, que passa a ser ocupada por Boris Casoy, e pára de publicar editoriais. Esses sinais do recuo permitem à **Folha** continuar circulando.

Na realidade, a **Folha** não recua. A linha editorial, sob gestão de Casoy, continua no sentido da redemocratização.

Eu diria, *grosso modo*, que a abertura política se concluiu por volta de 1977-8, pouco depois desse episódio envolvendo a **Folha**. Daí para a frente, começa a transição propriamente dita. A abertura política de Geisel consistiu fundamentalmente em restabelecer as condições de liberdade de expressão no país. Por isso, o papel da imprensa nessa etapa foi tão fundamental. Mas a abertura política reintroduziu a liberdade de expressão sem estabelecer a democracia política plena.

Tínhamos eleições legislativas e eleições para prefeito, porém não para prefeitos de capital nem para os Executivos estaduais ou para o Executivo nacional, que seria o mais importante. É a luta em torno da plena democratização, que seria simbolizada pela eleição direta para presidente da República, que irá ocorrer durante o governo Figueiredo.

A **Folha**, nessa segunda fase, se antecipa outra vez. A imprensa toda acabará apoiando a redemocratização, porque a imprensa vive de liberdade de expressão, então é obvio que ela apóie um movimento que visa à liberdade de expressão. Mas a **Folha** saiu na frente em 1974 e voltou a fazê-lo em 1983.

Nesse segundo período, de 1977 a 1984, o papel do jornalista Otavio Frias Filho cresce dentro da **Folha**, e em 1984 ele assume a direção de Redação no lugar de Boris Casoy. Como ele mesmo disse, estava, nesse período, muito influenciado pelo movimento estudantil, do qual participou enquanto estudante de direito na Universidade de São Paulo, entre 1976 e 1980.

Há certas peculiaridades nesse segundo movimento da **Folha** que têm a ver com Otavio Frias Filho. Primeiro aspecto: a percepção antecipada de que o movimento das Diretas poderia se transformar num movimento de massa tem relação com a participação de Frias Filho no movimento estudantil que, pela primeira vez desde 1968, colocou massas na rua em 1977.

Essa percepção se dá no final de 1983, enquanto o resto da imprensa não havia percebido ainda o potencial do movimento. A **Folha** sai na frente e propõe que as Diretas se transformem num movimento de massa. Em conseqüência, a **Folha** estabeleceu uma relação peculiar com o governo de Franco Montoro, em São Paulo.

De um lado, Montoro teve um papel decisivo na constituição da campanha das Diretas como campanha de massa. O ex-ministro Roberto Gusmão, principal assessor político do governo Montoro naquele momento, diz que o movimento das Diretas só vingou como movimento de massas porque Montoro tomou uma decisão fundamental: a de desistir de sua candidatura a presidente da República. Como ele desistiu, teve legitimidade de se pôr à frente do movimento.

A campanha das Diretas teve três pontos fundamentais de apoio: do lado institucional, a liderança do governador Montoro. Na imprensa, o movimento antecipatório da **Folha**. Do lado do movimento de massas, a decisão e a capacidade de mobilização do PT.

A relação entre a **Folha** e Montoro é curiosa, porque o jornal começa a pressioná-lo para que ele tome atitudes mais decididas. Tenta empurrá-lo a colocar as massas nas ruas. É sempre bom recordar que o movimento das Diretas foi o primeiro grande movimento nacional de massas depois de 1964 (os movimentos de 1968 tiveram um caráter menos geral), ou seja, quase 20 anos antes.

Apenas para exemplificar, houve um editorial importante da **Folha** cujo título era "Chega de Letargia". Ele exigia que o governo Montoro tomasse uma atitude mais enérgica no sentido de convocar manifestações de rua. Isso terminou por ocorrer no dia 25 de janeiro de 1984, na praça da Sé, em São Paulo, e, a partir daí, o movimento deslanchou.

Na década de 1980, Frias Filho assumiu a direção e começou a produzir uma série de documentos que vieram a se constituir no que é hoje o Projeto **Folha**. São documentos que, curiosamente, seguiam, ao menos no princípio, certos aspectos dos documentos de tendências que circulavam pelas universidades na segunda metade dos anos 1970. Os documentos de Frias Filho se estruturavam em torno de três eixos: a idéia de fazer um jornalismo crítico, pluralista e apartidário. Penso que eles elaboravam e sintetizavam a trajetória do jornal nesse período da transição para a democracia. Por isso, creio que a abertura e a **Folha** estabeleceram uma relação peculiar. Como a **Folha** teve um papel importante no estabelecimento de um padrão de independência jornalística no Brasil, acredito que analisar essa relação pode ser útil para entender tanto a imprensa brasileira contemporânea quanto a evolução da democracia no país.

Para finalizar, quero dizer que, apesar de um conjunto importante de contradições, sustento termos uma imprensa independente no Brasil. Há movimentos no sentido de monopólio da mídia e há também um afunilamento do espaço de opinião, que por vezes tende para formas perigosas de pensamento único, com a exclusão de setores e idéias importantes do debate público.

Mesmo assim, existe uma imprensa independente no Brasil. Não tenho tempo e espaço para demonstrar esse ponto aqui, mas me parece que, se ela não tivesse se erguido na transição de 1974-84, provavelmente não teria havido o *impeachment* de Collor em 1992, e a democracia brasileira seria mais frágil do que é neste começo de milênio.

ANDRÉ SINGER é jornalista e professor de ciência política da Universidade de São Paulo. Foi secretário de Redação da **Folha** e atualmente exerce o cargo de porta-voz da Presidência da República. É autor de *O PT* (série "Folha Explica", Publifolha, 2001) e *Esquerda e Direita no Eleitorado Brasileiro* (Edusp, 2000).

DIRETAS-JÁ
José Carlos Dias

A exposição do André [Singer] é o testemunho de uma geração que palpitou no coração da **Folha de S.Paulo**. Tenho algumas coisas a discordar dele, porque afinal não viemos aqui para realizar um jogral, mas para questionar um pouco. O que significou a tão propalada abertura administrada por Golbery do Couto e Silva? Foi uma abertura com ranço de muita falsidade porque, na realidade, ao mesmo tempo que se criava a esperança de democratização – posso dizer isso porque vivi muito esse período como advogado de presos políticos e como membro da Comissão Justiça e Paz –, se torturou e se matou neste país, em nome da segurança nacional. Nesse período, a censura esteve presente nos jornais deste país. *O Estado de S. Paulo* publicava diariamente *Os Lusíadas* nas matérias que eram censuradas, enquanto o *Jornal da Tarde* publicava receitas de doce. Era assim a censura estabelecida neste país. O jornal *O São Paulo*, o semanário da Arquidiocese de São Paulo, tinha a figura macabra do censor na sua redação, que carimbava em cima de muitos textos a chancela MATÉRIA CENSURADA. Era eu o presidente da Comissão Justiça e Paz, escrevi o "Poema ao Censor" e encaminhei para ser publicado. Guardo até hoje o original com o carimbo MATÉRIA CENSURADA. Houve, sim, uma censura violenta contra a imprensa no período Geisel, eu diria até que a censura que existiu nos governos Médici e Geisel não foi tão diferente na qualidade. A diferença era que a sociedade estava aprendendo a defender-se, a denunciar, a opinião pública internacional estava se movimentando.

O Golbery, que era tido como um grande bruxo, foi o principal ideólogo da segurança nacional e fazia um trabalho maquiavélico de estabelecer um jogo dialético entre as várias tendências políticas. Em determinado momento, o então senador [Franco] Montoro proferiu um discurso muito duro como líder da oposição no Senado, e o jornal *O São Paulo* foi o único que se dispôs a publicar esse discurso, e o fez na íntegra. O discurso, anteriormente publicado no *Diário do Congresso*, foi vetado pelo censor por ter sido veiculado por esse jornal da Arquidiocese.

Nessa ocasião, impetrei um mandado de segurança em conjunto com o advogado Arnaldo Malheiros Filho, então meu sócio, em favor do jornal *O São Paulo* e do Montoro. Deram-nos procuração dom Paulo Evaristo Arns e Franco Montoro; essas foram as procurações mais honrosas de minha vida de advogado. O mandado de segurança era contra Geisel, contra o ministro da Justiça, contra o diretor da Polícia Federal, apontando, como ato coator, um decreto secreto do presidente Geisel. E o Supremo Tribunal Federal negou a ordem de *habeas corpus*.

Franco Montoro, naquele momento, fugindo de sua tradição de homem equilibrado, deu entrevista em termos extremamente exaltados no interior do Supremo Tribunal Federal a muitos jornalistas que estavam presentes. Exerci, então, um ato de censura: fiz um apelo aos repórteres presentes para que moderassem o teor das reportagens sobre a entrevista do senador Montoro, porque a causa da liberdade de imprensa estava em jogo e dependia de muito equilíbrio naquele momento. Dez dias depois, foi revogada a censura prévia no Brasil. Isso aconteceu acho que em 1975, mas eu dizia que esse período, em que tanto se matou e torturou, golpeou a imprensa de forma mais violenta quando foi morto o jornalista Vladimir Herzog, em outubro de 1975, nos porões do DOI-Codi. Foi um dos períodos mais difíceis da história brasileira. Pior do que Geisel só Médici, aquele que sabia conquistar até certa simpatia quando ouvia no radinho o jogo do Fluminense no Maracanã e que soube capitalizar com os jogos do Brasil na Copa.

Foi depois da morte de Herzog que se fez o movimento da sociedade civil mais intenso. Várias entidades se organizaram como forma de substituir os canais normais, como as artérias que às vezes começam a dar pouca vazão ao sangue são suprimidas por canais periféricos, que se formam para garantir a circulação sanguínea. Assim a sociedade civil se organizou:

entidades como as comissões Justiça e Paz, principalmente a de São Paulo, graças ao papel importantíssimo desempenhado por dom Paulo Evaristo Arns, cardeal-arcebispo de São Paulo, e outras entidades. Entidades tradicionalmente de vocação burguesa, algumas até conservadoras, como a Ordem dos Advogados do Brasil e a Associação Brasileira de Imprensa, passaram a exercer o papel importante de resistência. Foi depois da morte de Herzog e depois da morte do operário Manoel Fiel Filho, no DOI-Codi (que acarretou a vinda de Geisel a São Paulo para demitir o comandante do Segundo Exército), que a reação ganhou ainda mais força.

Acompanhei esse período, todo esse progresso, da **Folha**. Esse crescimento acompanhou o crescimento da sociedade civil. Era nítida a diferença entre os dois jornais, o confronto da linguagem do *Estadão* contra aqueles que formulavam discursos mais progressistas (e eu o fazia na defesa dos direitos humanos no sistema penitenciário) com a linguagem mais neutra ou mais engajada da **Folha**, com posições de representantes da sociedade em artigos semanais.

Testemunho que sofri a mais violenta campanha contra o programa de direitos humanos, que me incumbia tocar no governo Montoro, e a **Folha** assumiu minha defesa de uma forma aberta, o que me fez fazer uma visita não só à direção do jornal como à Redação, porque eu via um grande entusiasmo por parte daqueles moços que tentavam formular uma política avançada e progressista. Acho que a campanha das Diretas-Já foi um grande momento da **Folha**, porque ela foi o órgão de imprensa que foi avante. Enquanto a Globo boicotava o movimento, a **Folha** era o órgão de comunicação que o defendia. Conseguir alguma coisa contra a Globo não é fácil, e se conseguiu isso mesmo perdendo as Diretas-Já. Ficou marcado um momento de profunda intransigência com a vocação democrática desse povo.

O povo brasileiro viveu uma das épocas mais emocionantes na campanha das Diretas-Já, com comícios pelo Brasil inteiro. Lembro-me de uma reunião fechada no Palácio dos Bandeirantes com o governo Montoro, quando se discutia onde fazer o primeiro ato público pelas Diretas-Já em São Paulo. Vários propuseram o Teatro Municipal, e Montoro optou pela praça da Sé. A praça lotou, e, em seguida, num outro ato em São Paulo, o Anhangabaú foi inteiramente tomado.

Um dos capítulos mais importantes da **Folha** foi ter assumido uma postura de independência e oposição, denunciando o governo Collor. A **Folha** foi invadida pela Polícia Federal porque a Receita estava querendo fazer uma devassa contábil no jornal. Acionamos o ministro da Justiça e a direção da Polícia Federal, e foram levados altos funcionários da **Folha de S.Paulo** para depor na PF. Não acharam nada de ilegal, mas aquela foi uma maneira de coagir e de ser um exemplo para toda a imprensa: "CALEM A BOCA PORQUE AGORA VAI SER ASSIM: NÓS VAMOS CALAR A IMPRENSA ATRAVÉS DA RECEITA FEDERAL E DA POLÍCIA FEDERAL". O delegado chegou a bater as algemas para o Luís Francisco [Carvalho Filho], meu sócio, quando ele protestava da maneira pela qual eram conduzidos os trabalhos. O editorial que a **Folha** publicou em seguida foi terrível. O Frias – o pai – se indignou talvez mais que todos – porque viu que todo o trabalho que fizera poderia ir por água abaixo se recusasse, se ficasse de joelhos naquele momento.

A campanha do *impeachment* foi uma campanha da maior importância. Pela maneira com que se conduzia o governo Collor, sentíamos que havia a necessidade de haver por parte de cada um de nós, advogados, jornalistas, um compromisso naquele momento.

Resolvi tomar uma iniciativa: convidei 12 colegas do Direito para uma noite de reflexão em minha casa, e decidimos redigir um documento que seria uma avaliação jurídica do Estado de Direito no Brasil naquele momento, da mesma forma que se fizera com a "Carta aos Brasileiros" na comemoração dos 150 anos da faculdade; e foi a partir desse documento que nós evoluímos para redigir a petição de *impeachment*. Depois de uma eleição retumbante do caçador de marajás – Collor –, e com a empolgação do povo brasileiro ao derrotar o operário Lula, que representava uma nova tendência na política brasileira, tudo aconteceu como uma avalanche, a grande decepção. O povo compreendeu que errara, que escolhera mal, que fora traído. Técnica e politicamente, escolheu-se o caminho dentro das regras democráticas, através do pedido de *impeachment*, com a mobilização do povo saindo de negro.

Eu, como advogado criminal que começou a carreira na época da violência, da defesa dos presos políticos, muitas vezes defendendo memórias porque alguns clientes já não eram mais vivos, acostumei-me a ver a liberdade de imprensa como o instrumento mais poderoso numa democracia. Um dos direitos mais fundamentais que o cidadão pode ter é o de ler e escrever, porque é um direito multiplicador e dá a cada um de nós a possibilidade de defender os outros direitos: o direito à vida, à liberdade, à educação. Nós estamos engatinhando em nossa democracia. Posso dizer que tenho um testemunho a dar, testemunho de quem viveu a ditadura, presenciou o sofrimento dos perseguidos, de seus familiares, assistiu ao tormento dos que confiavam na volta dos desaparecidos.

Nós não podemos brincar com o pouco de democracia que temos em nossas mãos, para que possamos conquistar a democracia vertical que desejamos para o povo brasileiro, aquela que garantirá acesso ao lazer, à cultura, à educação. E aos jornalistas deste país, aos jovens que querem fazer de sua vocação instrumento do direito de liberdade de imprensa, agradeço por me ouvirem com tanta atenção.

JOSÉ CARLOS DIAS é advogado criminal e foi presidente da Comissão Justiça e Paz de São Paulo, secretário da Justiça de São Paulo no governo Montoro (1983-7) e ministro da Justiça no governo Fernando Henrique Cardoso (7/1999-4/2000).

A FOLHA E AS DIRETAS-JÁ
Ciro Marcondes Filho

No movimento pelas Diretas-Já, destacou-se o papel da imprensa e, particularmente, o do jornal **Folha de S.Paulo**, que, em meio à avalanche geral, acabou saindo como seu porta-bandeira. O jornal encampou a luta, fez-se seu articulador e lucrou política e financeiramente com isso. Que motivos teriam levado a empresa a embarcar nessa luta? O que significará essa atuação política inesperada e contraditória, se olharmos a história do engajamento do jornal em nossa vida pública? Enfim, que participação teve a **Folha** nisso tudo? Conduziu? Foi conduzida? Foi a alma ou a sombra do movimento pelas Diretas-Já?

RENOVAÇÃO DA IMAGEM
Quanto Otavio Frias Filho, hoje diretor de Redação da **Folha de S.Paulo**, esteve no ato público suprapartidário (manifestação no estádio do Pacaembu, em São Paulo) de 27 de novembro de 1983, suas expectativas para o movimento das Diretas-Já não eram muito alentadoras. Os 8 mil que foram à praça não o estimularam, a ponto de ele apontar aquele evento apenas como uma aglomeração de representantes da sociedade civil e não "do povo". Nessa oportunidade, ele também acusava o PMDB de querer apossar-se das Diretas antes de conquistá-las (*FSP*, 29/11/1983). As diretas eram uma necessidade, refletia o jornalista, mas o interesse era também dos grandes empresários.

Aquela movimentação, que cresceria como uma bola de neve até a concentração de 25 de janeiro e a grande passeata de São Paulo, em 16 de abril, assinalava, entretanto, algo maior, que poderia render ótimos dividendos políticos para a imprensa. "Os meios de comunicação são de modo geral contra o restabelecimento das diretas", dizia Frias Filho; o país, porém, apontava sinais de exaustão e de insuportabilidade da crise econômica e social. Parecia chegado o momento de apostar nas massas e construir, por meio disso, uma imagem renovada na opinião pública. Em abril, a tese se confirmaria, quando o jornal constatava que "o país estava mudando" (*FSP*, 15/4/1984). Esse curso assumido pelo periódico, cujas implicações políticas e mercadológicas retomaremos mais adiante, foi rapidamente assimilado por seus melhores jornalistas. Tarso de Castro iniciava uma campanha com textos e fotos (onde as mais curiosas imagens de políticos eram acompanhadas da frase "Eu quero votar para presidente", slogan da concentração de São Paulo em 25 de janeiro), Ricardo Kotscho escrevia que o país reencontrava a nação, Cláudio Abramo e tantos outros – enfim, a elite jornalística da casa – entravam de corpo e alma na luta, sob o patrocínio do periódico.

A posição editorial, porém, nunca abandonou o cautelismo de exigir que o movimento fosse mantido sob as rédeas de seus organizadores; em 5 de abril, seu editorial repelia energicamente a proposta de greve geral pelas Diretas-Já: ela introduziria a "fratura" no movimento, ou seja, a desordem; seria um instrumento "não próprio da política" e "desestabilizador". "Nada de radicalização" era a palavra de ordem contra a greve geral defendida, entre outros, pelo PT. O "espírito ordeiro" (27 de abril) deveria prevalecer. Não é outra a conotação que se dá à figura de Lula em seu "Pôster das Diretas-Já", publicado na edição de 25 de abril: enquanto Dante de Oliveira, Ulysses Guimarães, Leonel Brizola e Tancredo Neves posam de heróis da Independência – que era de fato das massas –, Lula aparece caracterizado na extremidade do quadro como um pobre boiadeiro, *espectador à margem* da mobilização da campanha e, mais ainda, da importância decisiva do presidente do PT no desencadeamento, convocando a população e cobrando dos governadores a participação na manifestação no Pacaembu. Isso só pode ser interpretado como manipulação. Tancredo, que sabotou a evolução do movimento, procurando frear-lhe a explosividade ("Insistir nas diretas é pouco promissor", 13 de abril; "tem efeito desmobilizador", editorial de 24 de abril), ao contrário, é tornado herói pelos desenhistas da **Folha**.

UM GRITO PARADO NO AR

Em maio de 1983, uma pesquisa da **Folha** concluiu que o povo queria escolher o sucessor de Figueiredo de forma direta (72,4%). Aureliano Chaves, em 26 de novembro de 1983, anunciava que "as eleições diretas virão", dando um presumível apoio à concentração no Pacaembu realizada no dia seguinte. Em fins desse ano, elas já pareciam tão irreversíveis que até mesmo os políticos do PDS já as assumiam.

O chamado "comício-monstro" de 25 de janeiro, organizado com forte esquema publicitário, tornou a questão de interesse verdadeiramente nacional. A expressão "Diretas-Já" surge do manifesto do movimento de 25 de janeiro, lido em 14 de fevereiro, junto com o lançamento da cor amarela no Spazio Pirandello. "É preciso armar o elo que nos une. Por eleições livres e diretas. Já. O amarelo é o elo que nos une. Todos juntos nessa grande viagem de cidadania e soberania."

A expressão "Diretas-Já" é usada pela **Folha** em 11 de abril, quando se refere a ela como o slogan dos partidos clandestinos de oposição, Alicerce e PC do B, durante o comício do Rio de Janeiro. Daí para a frente, a **Folha** iniciará uma divulgação exaustiva e ostensiva do movimento. Durante os meses de fevereiro e março, por exemplo, o destaque dado pelo jornal aos comícios em outras capitais brasileiras não passava em média de 75% a 100% de uma página de suas edições. No mês de abril, ele atingiu seu pico: a partir do início do mês, a cobertura do tema era de duas a três páginas por dia (nas retrancas: "sucessão pelas urnas", "emenda Leitão", "horas decisivas", "a marcha da decepção"). Com a concentração de São Paulo em 16 de abril, o destaque começa a crescer (nesse dia, cinco páginas sobre o assunto e mais três sobre política nacional). De 24 a 26 de abril, a **Folha** deu mais de 12 páginas para o assunto, caindo posteriormente para oito (27 de abril) e para seis (28 e 29 do mesmo mês). Outros periódicos paulistanos (*O Estado de S. Paulo* e o *Jornal da Tarde*), embora tivessem dado destaque aos dias decisivos de 24 a 26 de abril (o *JT* deu várias páginas no dia da passeata e nas horas decisivas para a aprovação da emenda), mantiveram uma cobertura discreta do tema.

A **Folha**, ao contrário, buscava "empurrar a massa". Em "Todos à Passeata", editorial de 15 de abril, o jornal cobrava do

Comitê Suprapartidário mais empenho na preparação do ato cívico e engajamento do governo do Estado.

Em matéria publicada pela **Folha** em 5 de maio, o ex-ministro das Comunicações Said Farhat dizia que os meios de comunicação *foram* a campanha das Diretas-Já (o grifo é dele). E isso ocorreu tal como "praticamente sozinho Carlos Lacerda, a Rádio Globo e a *Tribuna da Imprensa* haviam feito em 1964", argumenta o político. Nada mais tolo. Da mesma forma impressionado estava o ministro Leitão de Abreu ao dizer em 14 de abril que a imprensa estaria "exercendo uma influência que muitos assinalam como superior à influência dos partidos".

IMPORTÂNCIA DOS *MEDIA*

A tendência de transferir para os meios de comunicação a responsabilidade das transformações sociais é bastante conhecida. Procuram bodes expiatórios para justificar medidas punitivas e o recurso à censura. Tomam os meios de comunicação como se fossem instituições independentes do corpo social, com vida própria, e não como órgãos dirigidos por homens com seus interesses de classe e suas intenções políticas imediatas. Não foram os meios de comunicação lacerdistas que fizeram o 64 nem o conjunto de todos os meios: estes somente deram respaldo ao movimento que já se articulava nos quartéis, no clero, nas classes médias urbanas, nas instituições como Ipes, Ibad etc. O jornal funcionou aqui, como em qualquer outra parte, no máximo, como articulador, organizador do movimento.

Alberto Dines aponta, na discussão do mesmo dia (publicada em "Tendências/Debates" de 5 de maio), que "a TV não é a única condicionadora da vontade nacional, mas passou a ser, ela própria, condicionada por um canal de menor alcance, porém de fogo inigualável: a palavra escrita". De fato, o jornalismo impresso das medidas de segurança, sua importância como fonte de informações em primeira mão: *O Estado de S. Paulo* conseguiu derrubar a censura imposta à informação, via rádio e TV, publicando 13 murais no dia da votação da emenda Dante de Oliveira.

Isso não deu à palavra escrita, por outro lado, o status de "condicionar" as massas. Sabemos que nenhum meio de comunicação, nem sequer todos juntos, pode impor uma "verdade" do poder contra a realidade que as pessoas vivem e contra a memória, mesmo que apagada, das massas: nem Pinochet, nem Médici, nem Maluf, nem qualquer outro tirano jamais conseguiu formar uma opinião pública favorável só com base nos meios de comunicação, que fosse contrária à experiência das massas.

A posição da **Folha** no movimento das Diretas-Já foi a de organizadora em nível macrossocial e de divulgação do processo dirigido pelo Comitê Suprapartidário. Ocorre que nem o jornal nem o comitê imaginavam a forma explosiva com que tudo foi crescendo. Nesse ponto, perderam a compreensão das coisas. Ninguém previa a explosão tão intensa e enérgica das massas (estas, que havia muitos anos buscavam um meio forte e poderoso para canalizar sua insatisfação e seu protesto, encontraram na campanha um excelente escoadouro). Sentindo a agregação de que passou a ser objeto, a **Folha** obteve os melhores lucros políticos (ideológicos) e econômicos. Apesar disso, o jornal não reconhecia oportunismo na apropriação do movimento como "marketing político". Ele se apoiava em justificativas como as de um grande empresário da imprensa, Roberto Civita: "O marketing é, em essência, um procedimento democrático" (5 de maio).

De fato, conhecer as necessidades do público (não para de fato atendê-las, mas para não perdê-lo) é o que rege o caráter empresarial do jornalismo. Isso não tem nada a ver com democracia, principalmente se o veículo encontra um ótimo filão para aumentar seus lucros à custa da emocionalidade da massa de seu público.

Também as redes de televisão tiveram que mudar, não porque o público impôs (ilusão geral, principalmente no atual estágio de monopolização e cartelização da economia), mas porque perdiam credibilidade e audiência, ou seja, porque seu produto (telejornal) não era mais "comprado". O lucro, portanto, impôs a virada, a ponto de Globo e Manchete não atenderem às "recomendações" do Planalto para não dar destaque às passeatas. Conforme a revista *Veja*, a credibilidade da TV, após seus sucessivos boicotes às movimentações do final de 1983 e início de 1984, foi para 28 pontos negativos. A competição com a Rede Bandeirantes justificava a mudança política; afinal, o que se coloca em primeiro lugar para os meios de comunicação é sua garantia como empresa (obtenção de lucros), ficando a questão ideológica (mais geral) para segundo plano. A contradição aparece na competição com o *Jornal da Tarde*, que, jornalisticamente, assim como *O Estado de S. Paulo*, teve momentos de melhor desempenho. Tarso de Castro dizia em 18 de abril que "o *JT* fez um trabalho através do qual ele, e somente ele, conduziu a campanha" e complementava: ele soube "fazer a hora", enquanto a **Folha** perdeu essa chance; o destaque desta como o jornal das Diretas-Já se deu mais devido à ânsia pela conquista da posição política no movimento do que à ação jornalística.

COMO SE EXPLICA?

A **Folha de S.Paulo** nunca gozou, diante da opinião pública, de uma identidade política definida. Diferentemente de *O Estado de S. Paulo*, que possui uma situação clara como jornal conservador, porta-voz das elites paulistas que compuseram o empresariado do Estado, melhor representante do pensamento das classes dominantes insatisfeitas ante a ditadura getulista, a ameaça janguista e as formas autoritárias que o prejudicassem, a **Folha**, em período de menor existência, não construiu identidade política. Como jornal lido majoritariamente pelos setores da "classe média", que se ampliou significativamente após 1950, a **Folha** oscilou, como eles, de posições direitistas para esquerdistas. Assim, ela esteve contra João Goulart ao lado de *O Estado de S. Paulo*, *Jornal do Brasil* e *Tribuna da Imprensa*. No período de censura à imprensa do governo Médici, enquanto o *JT* publicava receitas de cozinha, o *Estadão* versos de Camões, a revista *Veja* desenhos e arvorezinhas, *Opinião* faixas pretas, a **Folha** nada fazia para protestar contra o corte arbitrário de matérias imposto pela rigorosa censura.

A abertura política significou uma explosão das camadas médias da população asfixiadas pelo fechamento político. A **Folha** absorveu rapidamente jornalistas que batalharam na imprensa alternativa e, a partir desse período, procurou lançar-se como o jornal da abertura. Em 1982, sua campanha simpatizante do PMDB poderia confiar-lhe o preenchimento desse espaço jornalístico do público que sustentou algum tempo a imprensa alternativa, não coberto pela imprensa liberal. O empenho na campanha de 1982 pôde significar um primeiro passo na sua (tardia) afirmação política. Com a perspectiva das Diretas-Já, a **Folha** entrou no movimento, após uma curta indecisão, para dele sair como o jornal dos novos tempos.

IMPORTÂNCIA RELATIVA

A história da **Folha**, entretanto, era quem iria preparar-lhe as maiores ciladas. Entusiasmados com o efeito das Diretas-Já e iludidos com a noção de que "jornal também faz movimentos sociais", seus editoriais continuavam a conclamar a população, maio adentro, pela mobilização das Diretas-Já. Que rumo seguir? Apoiar Lula em sua convicção de não ir ao Colégio Eleitoral nem abandonar as ruas ou acompanhar as lideranças políticas, que já haviam conseguido força bastante para barganhar politicamente nas negociações pós-abril e já descartavam a participação do povo? Passada a agitação, o jornal retorna à sua importância relativa. Não tendo lutado desde o início contra as arbitrariedades repressivas e pela restituição do Estado de Direito, mas ingressando no movimento pelas Diretas-Já em seu desabrochar, a participação do jornal não pôde ser identificada como a de um integrante estrutural da nova democracia que estava se instalando no Brasil, liderada por setores como o empresariado liberal, os movimentos de base, o clero progressista etc. Em que pese o benefício que trouxe à luta pela emancipação do povo, cedendo-lhe um canal de expressão política, essa participação só se tornaria efetiva e só lhe garantiria a identidade política se, em vez da perspectiva de sondar as aspirações da população, para atendê-las, se colocasse ao seu lado, articulando-as junto ao poder público.

CIRO MARCONDES FILHO é professor titular de jornalismo na Escola de Comunicações e Artes da Universidade de São Paulo e autor de *O Espelho e a Máscara* (Discurso, 2002) e *Comunicação e Jornalismo* (Hacker Editores, 2000), entre outros títulos.

Este artigo foi publicado originariamente em *Novo Leia*, janeiro de 1985, ano 8, n° 75, p. 16-7. Republicado em *O Capital da Notícia* (Ática, 1988).

PARTE II
QUESTÕES E TENDÊNCIAS DO JORNALISMO CONTEMPORÂNEO

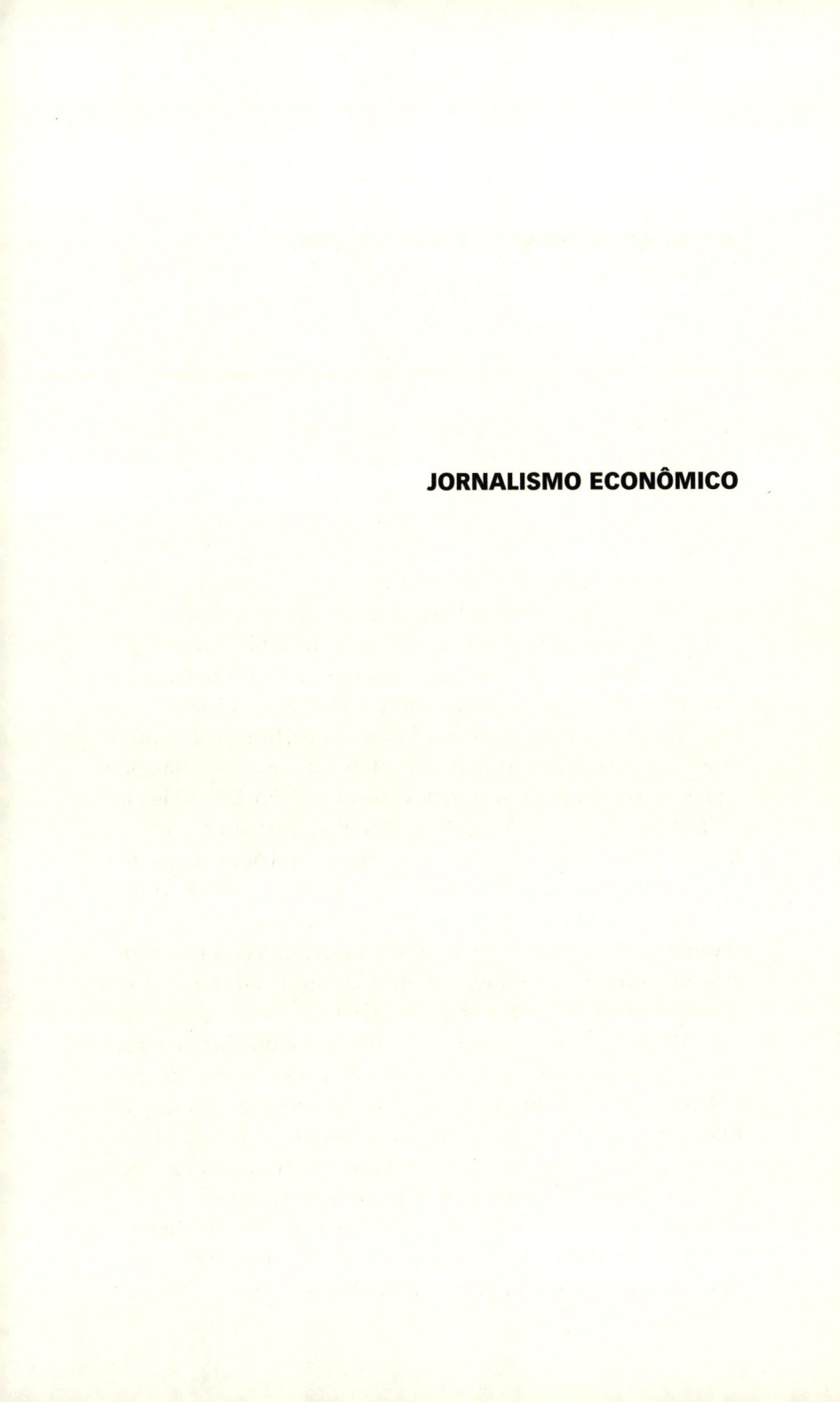

JORNALISMO ECONÔMICO

MÍDIA, ECONOMISTAS E JORNALISTAS
Gustavo Franco

Aprendi no convívio universitário que a interdisciplinaridade é tão fascinante quanto perigosa. Penetrar em outra disciplina com segurança e com algo a dizer exige muitos cuidados, o principal dos quais o de jamais perder as bases de sua disciplina de origem, a partir da qual são construídas as pontes, as perguntas e as analogias. Com essas cautelas, e tendo em vista a amplitude do tema em epígrafe, o texto abaixo se desdobra em três tópicos, todos desenvolvidos a partir de minhas áreas de especialização e de experiência. O primeiro tema é a demarcação do território: o que é um mundo em transformação, tal como visto por um economista com formação de historiador, ou de que transformações recentes exatamente estamos falando. Diversas observações são feitas adiante sobre "Velocidade", "Globalização" e "Aceleração da História", com o propósito de lançar uma pergunta provocativa: o ritmo das coisas afeta o teor das coisas? Velocidade é conteúdo? A percepção pode triunfar sobre a substância? A experiência histórica, bem como eventos recentes na esfera econômica e financeira, parece sugerir uma resposta afirmativa, o que, sem dúvida, nos conduz a assuntos relevantes para os profissionais de mídia.

Um segundo grande tema diz respeito à organização institucional da economia para lidar com o progresso, com a imprevisibilidade e com o futuro – com o fluxo contínuo de informações relevantes sobre o futuro. Argumenta-se que o mercado é a instituição central para lidar com essas incertezas da vida econômica, ou seja, os mercados esgotam a capacidade de prever o futuro como *dedução do passado*. Nesse contexto, apenas a novidade, vale dizer, a "verdadeira notícia", tem valor econômico. Todavia, não por culpa da mídia (às vezes, porém, com sua cumplicidade), mas de mecanismos subjacentes à ação coletiva, os mercados freqüentemente abrem o caminho para a insensatez e a derrota da razão: independentemente dos jornais que vêem, os "coletivos", ainda que bem informados, não exibem racionalidade como se supõe que ocorra com indivíduos, quando tomados isoladamente.

A terceira seção procura trazer para o contexto brasileiro as discussões das duas seções anteriores, em particular a da "Aceleração da História", tomando em conta o contexto singular em que se deu o lançamento dos temas referentes à globalização no cenário nacional: a derrota da hiperinflação, as reformas modernizadoras, a privatização, a construção de uma economia de mercado etc. Aberta essa extraordinária caixa de Pandora, modifica-se de forma radical, e espontaneamente, o jornalismo econômico. Especialização e profissionalização introduziram novas tensões no relacionamento entre jornalistas e economistas, algumas tocando temas complexos, relativos mesmo ao estatuto científico da economia. A experiência do autor como membro de governo e partícipe de alguns dos processos "revolucionários" acima mencionados permite algumas observações em perspectivas que podem ser úteis para profissionais de mídia.

VELOCIDADE E CONTEÚDO

Nosso mundo tem sido descrito como um mundo onde extraordinárias inovações tecnológicas têm revolucionado não apenas a vida econômica, mas também nossas percepções em muitas outras áreas da experiência humana. A globalização, por exemplo, tem sido tratada como um fenômeno que vai bem além de seus contornos e implicações econômicas. Mas, por mais inusitado que seja o conteúdo das novidades a que assistimos a cada dia, não se pode perder de vista que o mundo experimentou inovações tecnológicas revolucionárias, em particular nos transportes e nas telecomunicações, em outras ocasiões no passado; por exemplo, no período que antecedeu a Primeira Guerra Mundial, quando surgiram o telégrafo, o telefone, o cinema, os raios-X, o automóvel e o avião. E também outras descobertas de enorme impacto, como a psicanálise, a relatividade e o cubismo. Essa sublevação das possibilidades humanas, econômicas e culturais, que se diz caracterizar a era moderna, certamente não estava começando aí, mas tinha nesse *fin de siècle* (o fim do longo século 19, para usar a terminologia de [Eric] Hobsbawm) um momento especialmente rico, e com amplas e profundas conseqüências. Um historiador atento às modificações nas percepções sobre tempo e espaço em decorrência dessas inovações chegou a sugerir que o impacto dessa série de descobertas havia sido tão profundo que até mesmo o desfecho da crise de agosto de 1914 poderia ter sido diferente se a diplomacia – para ele, "a arte do *timing*" – pudesse ser praticada em seu *ritmo* habitual. A inusitada *velocidade* com que as notícias cruzaram as fronteiras nacionais, as rápidas reações populares que provocaram e o fato de que todas essas repercussões demandaram uma resposta *imediata* podem ter levado à precipitação, a reações exageradas (*overreactions*) e ao desastre da guerra.[1]

Com efeito, não era essa a primeira vez que se dizia que a humanidade havia conhecido mais progresso no século que aí terminava do que em toda a experiência humana anterior. Foi dito por Marx em 1848 e vem sendo repetido, desde então, a cada ano, numa impressionante demonstração de como o progresso pode ser exponencial e cada vez mais veloz. No *Manifesto Comunista*, havia fascinação com a velocidade do progresso, mas também um vaticínio de catástrofe, uma ambigüidade que também se repetiria inúmeras vezes nos anos que se seguiriam, até os nossos dias, com vieses que oscilaram de um lado para o outro. Se em meados do século 19 os efeitos da Revolução Industrial fixaram-se menos como progresso do que como catástrofe para Marx e Engels, e também para Polanyi e Dickens, mais adiante, em 1909, o mundo já se sentia mais confortável com o ritmo das coisas. No *Manifesto Futurista*, escrito por Filippo Tommaso Marinetti, já se via um enunciado estético e benfazejo da era moderna:

> Declaramos que o esplendor do Mundo foi aumentado por uma nova beleza: a beleza da velocidade. [...] Cantaremos as grandes multidões excitadas pelo trabalho, pelo prazer e pelos motins. [...]

---

[1] Stephen Kern, *The Culture of Time and Space, 1880-1918*. Cambridge, Massachusetts: Harvard University Press, 1983; p. 260-3.

Cantaremos a incandescência noturna e vibrante de arsenais e estaleiros [...], as vorazes estações devorando suas fumegantes serpentes [...], as locomotivas de peitorais robustos [...] e o vôo suave dos aviões, suas hélices açoitadas pelo vento como bandeiras e parecendo bater palmas de aprovação, qual multidão entusiástica.

Os turbilhões de progresso, ocasionando a atmosfera de desintegração que o *Manifesto Comunista* descreveu com o imortal "tudo o que é sólido se desmancha no ar", e que Schumpeter definiu como "destruição criadora", têm se repetido monotonamente em cada um dos avanços do capitalismo sobre novas fronteiras, tecnológicas, geográficas ou institucionais. "A abertura de um novo mercado, [...] a inovação organizacional [...] é o que incessantemente revoluciona a estrutura econômica por dentro, incessantemente destruindo a velha estrutura e incessantemente criando uma nova. A Destruição Criadora" – diz Schumpeter – "é uma característica essencial do capitalismo." Fica implícita a idéia de que, com freqüência, é preciso destruir para construir, ou de que a construção se faz destruindo, qualquer que seja a ordem mais apropriada. O importante é ter claro que o progresso não é indolor.

Conforme ilustrado pela conjuntura acerca da crise de 1914, ou pelas crises da Ásia, Rússia, Brasil, Argentina, Turquia etc., ou pelas palavras de Marinetti, a velocidade se mostra sempre um fator altamente perturbador, que parece interferir sobre a natureza dos processos tendo lugar em seu desenrolar. Especificamente no tocante às crises financeiras recentes, qualquer observador mais atento dos eventos poderia perguntar se a disseminação praticamente instantânea das notícias sobre uma crise, em algum lugar, teria provocado novos e inusitados padrões de "reação", que pudessem ter, em si, condicionado e apressado o desenrolar da própria crise, criando uma espiral incontrolável de reações exageradas por meio do fenômeno do *contágio*. Teria a *velocidade* com que as coisas ocorreram modificado, de alguma forma, o *conteúdo* das decisões que autoridades e operadores de mercado tiveram de tomar durante o desenrolar da crise?

Há amplas implicações em aceitar que a velocidade com que as coisas têm lugar afeta seu conteúdo, as respostas dos homens às circunstâncias e desafios que se apresentam. Estaríamos como que passando da física newtoniana para a relatividade, e a história não mais seria governada por leis básicas de movimento, invariáveis e incontornáveis, mas passaria a incorporar dimensões e possibilidades no âmbito das quais a *percepção pode triunfar sobre a substância,* ficando assim estabelecida uma indeterminação básica, já se constituindo em disciplina apartada na economia: o estudo da complexidade, dos sistemas não-lineares estocásticos e de suas inúmeras implicações.

OS MERCADOS FINANCEIROS E O EXTRAVIO DO TEMPO
Há uma outra forma pela qual a velocidade se torna conteúdo, que ocupa lugar fundamental na compreensão de nosso mundo em geral e das crises financeiras em particular. Os fluxos de informação são tão rápidos, abundantes e vigorosos que passado e futuro passaram a ficar comprimidos em percepções sintetizadas no preço presente. *O passado, tal como o futuro, qualquer* trader *dirá, está no preço.* O que quer dizer isso? O passado é inteiramente conhecido, e tudo que é conhecido *já está entendido e processado e como tal sintetizado no preço,* ou seja, já se fez sentir. A novidade é apenas o acesso mais fácil ao passado, através de bancos de dados e análises especializadas disponíveis com maior rapidez. Novo é o modo pelo qual se concebe o futuro e o modo pelo qual os mercados o tornam inteligível. No mundo de hoje, os mercados (financeiros) fazem a mediação entre as percepções sobre o futuro, a soma dos diagnósticos e de prognósticos. A sociedade de massa tem de montar mecanismos institucionais para agregar e dar ponderações às visões sobre o futuro ou, mais precisamente, às conseqüências de diferentes futuros. Os mercados financeiros são o mecanismo para isso. Os mercados eliminam o tempo: não há passado, não há futuro, só há presente, como síntese, como vórtice do tempo.

A sociedade da informação total esgota – através dos mercados – a capacidade de prever o futuro como dedução do passado. Uma observação sobre previsões: a verdadeira previsão é a que se faz na forma de aposta, e não a de livre-pensar. *Apenas nos mercados as previsões sobre o futuro são convincentes o suficiente para que alguém aposte nelas. Por isso a informação tem enorme valor.* Fora disso, as especulações sobre o futuro não têm relevância econômica, ou seja, os mercados são mecanismos sociais de previsão do futuro e servem para as sociedades lidarem com a incerteza. Nos mercados, o olhar sobre o futuro se torna probabilístico, quantificável portanto, e suas conseqüências naquele contexto são trazidas a valor presente, como todas as *opções* sobre o futuro, devidamente precificadas. No mundo da civilização tecnológica digital, da sociedade da informação total e da hiper-realidade, todas as desgraças e bem-aventuranças futuras são trazidas para o presente, e todo o conjunto de contingências futuras se organiza como *opções*. Preços se tornam aglomerados de *opções* sobre o futuro, permanentemente fumegando ao sabor do noticiário. Os economistas Fischer Black e Myron Scholes, da Universidade de Chicago, este último um dos vencedores do Nobel de 1997, conceberam uma fórmula, hoje amplamente utilizada, para determinar o preço de *opções*, o que tem basicamente a ver com *volatilidade* ou *imprevisibilidade*. Os mercados agregam todas essas *opções*, cada qual ponderada pela sua relevância. Os mercados exaurem, portanto, as alternativas, a capacidade de prever o futuro a cada momento.

A imprevisibilidade do futuro, evidenciada a cada dia nos mercados financeiros, representa, em última instância, a negação de qualquer inteligibilidade da história, a negação da existência de leis de movimento ou de determinações profundas; ou seja, é a negação do mundo newtoniano, ou de um mundo marxista. Seria o enunciado de um mundo caótico, no sentido físico, governado por ações humanas desencadeadas por comportamentos individuais e coletivos, erráticos, mas determinísticos, e dotados de certa lógica, mas altamente dependentes das condições iniciais, sujeitos a evolução, aprendizado, adaptação, entropia.

Assim são os mercados. Assim se processa a ação coletiva, nas sociedades capitalistas, no tocante ao relacionamento com o futuro.

É extremamente perturbador o extravio do tempo observado nos mercados, vale dizer, essa contínua reavaliação do futuro em resposta ao fluxo de informações, a cada momento provocando uma resposta, o futuro sempre se apresentando como possibilidade em constante mutação. Os mercados dependem da "notícia", tal como entendida pelo jornalista, ou seja, "a informação que, uma vez revelada, afeta as expectativas do cidadão, do consumidor, do homem e da mulher comuns quanto ao mundo que os cerca, quanto ao futuro e quanto ao passado. Notícia não é apenas uma novidade" – continua Eugênio Bucci – "é uma novidade que altera o arranjo dos fatos, dos poderes, ou das idéias em algum nível".[2]

Diante da notícia, os mercados raramente admitem a indiferença: deve-se comprar ou vender, fazê-lo imediatamente. Da mesma forma que as Redações reagem diante dos fatos e deliberam sobre sua relevância, em constante tensão contra o relógio: "Um jornalista que comanda uma equipe corre contra o tempo" – diz Eugênio Bucci (op. cit., p. 45) – "decide o destino das reputações alheias apostando corrida contra o ponteiro dos minutos que teima em girar naquela maldita parede da Redação." Toda pequena peça de informação, não importa o quão distante da realidade dos mercados, deve ser mastigada e digerida a fim de alimentar uma única disjuntiva, um julgamento implacável: comprar ou vender? O "preço de equilíbrio" se modificou diante das "notícias"; mas em que direção? Em que intensidade? As possibilidades de erro são monumentais. A informação é processada de forma utilitária, especuladores estão sempre em ação, e os reguladores estão cada vez mais atentos à transparência e ao trato da informação, a fim de evitar a manipulação. A uniformização e a objetividade são buscadas pelas autoridades, mas obviamente há limites para esse esforço. Há casos em que as "notícias" são tão complexas e perturbadoras que os mercados reconhecem a dificuldade em funcionar de forma satisfatória nessas condições de alta incerteza e resolvem lidar com o problema em seus próprios termos, através de um mecanismo chamado *circuit breakers*, novidade cuja tradução no idioma pátrio ainda não se consumou. Trata-se de regra aplicada aos pregões das Bolsas, segundo a qual os negócios são suspensos

---

[2] Eugênio Bucci, *Sobre Ética e Imprensa*. São Paulo: Companhia das Letras, 2000; p. 42.

por algum tempo quando as cotações experimentam alguma flutuação muito acentuada. Ou seja, diante de "notícia" excessivamente perturbadora, atua-se, assim, *diretamente sobre o tempo, sobre a velocidade*. Trata-se de "parar o relógio", ou seja, alongar o período de tempo no qual as pessoas podem refletir, assim oferecendo um pequeno antídoto para o problema criado pela incessante e vertiginosa torrente de informações recebidas pelos mercados financeiros. Se a velocidade é um fator perturbador na apreensão da realidade e em seu próprio desenvolvimento, então os *circuit breakers* fazem sentido. Não são a salvação do mundo, pois não alteram as "notícias"; mas, ao reduzirem a velocidade do processo, podem, quem sabe, ajudar. Teria a crise de agosto de 1914 um desfecho diferente se as decisões fossem adiadas para setembro? Ao reduzirmos a "velocidade" dos eventos, poderemos estar evitando episódios de "insensatez"? Ao reduzirmos a "velocidade dos capitais", por exemplo, através do "Imposto Tobin", estaríamos recompondo, em alguma medida, o primado da razão nos mercados financeiros? Ou será que a "insensatez" é um elemento constituinte de nossa ordem econômica e que não há como evitá-la?

O BRASIL E A "ACELERAÇÃO DA HISTÓRIA": A MÍDIA E OS ECONOMISTAS

Os temas das duas seções anteriores são também brasileiros, mas a partir de meados dos anos 1980 vivemos uma situação extremamente singular: enquanto o mundo se deslumbrava com o apogeu da globalização, aqui iniciávamos a hiperinflação, que tudo envolvia e sobre tudo depositava uma névoa a nos isolar do que se passava em outras partes. A hiperinflação é uma das mais graves e monumentais patologias econômicas que se conhece, uma extraordinária insensatez, comparável, em virulência e em vítimas inocentes, a uma gigantesca epidemia, por exemplo. Trata-se de doença rara, não mais que 15 casos nesse milênio recém-terminado, sendo apenas uns três ou quatro na ausência de guerras, revoluções e desastres naturais. Será sempre intrigante pensar como o Brasil, que reiniciava sua vida sob o regime democrático, em 1985, com as melhores expectativas, iniciaria a hiperinflação em fins de 1986 para livrar-se dela em

1994.³ Passamos de uma inflação elevada, na faixa de 100% anuais ao final do governo militar para um máximo de 82% mensais registrados em março de 1990, último mês da Presidência Sarney. Que terá acontecido nesses anos? Como fomos viver uma coisa dessas?

Independentemente das respostas para essas intrigantes perguntas, e das responsabilidades jamais apuradas em CPI pelo Ministério Público, pelo Tribunal de Contas e pela mídia, é crucial observar, para nossos propósitos, que a hiperinflação foi, como não poderia ter deixado de ser, a grande notícia neste país durante os anos (1986-94) em que vigorou. Nada teria tamanha importância ou singularidade, nada afetaria tanto a cada um de nós em todos os planos da existência, do aluguel ao domínio da ética na política. Portanto, nada mais natural que o noticiário econômico, a cobertura desse monstruoso fenômeno, transbordasse para o noticiário geral, roubando a cena dos crimes hediondos, dos grandes rituais e movimentos da política e das celebridades. Todo dia, em poucas horas, a voragem da inflação podia destruir fortunas, poupanças de uma vida inteira, sem falar na enorme ferida simbólica representada pelo cotidiano aviltamento da moeda, um símbolo nacional, como a bandeira e o hino. Se um país inteiro se vê entregue a essa forma terminal de "alcoolismo monetário", o jornalismo econômico não podia mesmo tratar de outra coisa.

Assim como se conta que no Alasca existem dezenas de maneiras de designar "neve", os jornais aprenderam inúmeras maneiras de esmiuçar e noticiar a hiperinflação. Os vícios do processo eram tantos que rivalizavam em quantidade com os índices de inflação, dezenas deles, quase todos publicados semanalmente, cada qual afetando dramaticamente setores específicos da economia, cada qual com seus heróis e vilões, o chuchu, a batata-inglesa, o corte de cabelo ou o lingote de aço, e em cada um desses casos a oportunidade para ouvir um "especialista". A hiperinflação passa espontaneamente a dominar o noticiário,

---

3 Textos simples trazendo definições e comparações internacionais a análises da hiperinflação brasileira, tendo em mente suas peculiaridades, podem ser encontrados em Gustavo Franco, *O Plano Real e Outros Ensaios* (Rio de Janeiro: Francisco Alves, 1997) e *Desafio Brasileiro* (São Paulo: Editora 34, 1999).

como se fosse um crime cotidiano, inesgotável em seus detalhes, superlativo em seu desenrolar. O "aconselhamento" se torna frenético e ocupa espaços cada vez maiores.

O léxico da mídia parece se ajustar ao que se passa de forma natural, prestando o serviço de tornar inteligível o fenômeno. Toda grandeza econômica com sinal negativo, as contas do governo, passou a ser um "rombo" ou "buraco", diante do qual nada era capaz de simplesmente subir, mas sempre "disparar", "estourar" ou "explodir", como ocorria com a base monetária todo santo mês. Em contrapartida, nada simplesmente sofria uma queda, mas "despencava" ou "desabava". É verdade que essa terminologia vinha caindo em desuso, mas, depois das crises da Ásia e da Rússia e do regime de flutuação cambial, o velho dicionário foi redescoberto; esperemos que apenas temporariamente.

A esta altura, a vida econômica já deveria estar livre de sustos, as políticas públicas não mereceriam a designação de "pacotes", e também deveríamos estar livres de iniciativas descritas como "tunga" ou "confisco". Ou, pelo menos, assim esperamos.

O otimismo, por sua vez, apenas cabia dentro de vocábulos como "enxurrada" ou "farra", pois nunca podia ser pequeno, mas sempre era fugaz, tendo em vista, em bom economês, sua inevitável insustentabilidade. A hiper tornou a melancolia e o ressentimento embocaduras naturais para a imprensa, e nesse contexto era evidente o desassombro em "crises", "corridas" ou "pânicos". A beira do precipício era a regra. As coisas complexas da economia, com espantosa facilidade, eram pejorativamente tratadas como "negociatas", como se nada que não fosse simples pudesse ser honesto e sempre estivéssemos a um passo do "escândalo". Mesmo estatísticas inocentes, quando envolviam alguma explicação ou revisão, entravam no terreno do "expurgo" ou da "maquiagem". A linguagem era cruel e presunçosa, mas não há como negar que a própria hiper era um insulto e merecia esse palavreado.

O problema é o que se passa depois que a hiperinflação é vencida e a economia brasileira começa a padecer de problemas normais, como os que se observam em qualquer país de mesmo nível de desenvolvimento econômico. Será que o uso continuado desse dicionário não criou uma tendência reducionista para o jornalismo econômico brasileiro? Com efeito, muitos observaram que o jornalismo econômico deveria tornar-se mais técnico e analítico, e portanto mais especializado, uma vez cessada a hiperinflação e exposto o país às agruras da globalização. De fato, o espaço dedicado à cobertura da inflação se reduziu dramaticamente, além de ter voltado para as páginas especializadas. Não era mais "notícia" como antigamente. Os cadernos de economia diminuíram nos grandes jornais, ampliaram-se os espaços para artigos de opinião escritos principalmente por economistas (o que, de início, contou com a oposição corporativista dos sindicatos de jornalistas), criaram-se novos veículos especializados (*Valor, IstoÉ Dinheiro* e a própria sobrevivência da *Gazeta Mercantil*), para não falar no extraordinário crescimento do "tempo real", cujo predomínio "esfriou" definitivamente a notícia trazida pelos jornais do dia seguinte, que passou a ser, *et pour cause*, predominantemente análise.

É inegável que nesse jornalismo mais técnico e especializado os "analistas de mercado", economistas ou não, ganharam espaço nos cadernos de economia. Uma rica relação tem início quando o diálogo entre jornalistas e economistas deixa de ser apenas entre aquele e sua "fonte" e passa a ser outro, no qual o jornalista de economia repete o procedimento da editoria de ciência, buscando na academia ou nas instituições financeiras e empresas uma "leitura" ou uma "versão" da sabedoria específica, acadêmica ou não, que tenha relevância para os grandes temas do país, ao mesmo tempo que o acadêmico, analista ou empresário se vê compelido a "popularizar" suas idéias e seu trabalho (da mesma forma que o cientista que fez uma descoberta pretende divulgá-la para o público leigo). Em alguma medida, jornalistas passam a monitorar os atores da economia com o vezo que os acadêmicos designam como "divulgação científica", ou seja, a editoria de economia muda de temperatura. Como diz Bucci (p. 197), "o jornalista especializado já não é o comentarista que sabe das coisas; é antes de tudo um bom repórter especializado, com boas fontes alternativas, que sabe, isto sim, a quem perguntar. [...] *Os jornais não são a fonte do saber. São, como sempre foram, apenas um canal*" [grifos meus].

Essa, todavia, é apenas uma das tendências no relacionamento entre jornalistas e economistas. Há uma outra, pejorativamente designada por "centrismo" em um popular manual de jornalismo econômico para estudantes de jornalismo da USP, segundo o qual "o engajamento é considerado um defeito, e não uma virtude. É privilegiada a posição moderada, são eliminados os extremos, o jornalista aprende, desde jovem, que deve evitar ser rotulado de radical. A moderação, que no jornalismo leva facilmente ao acomodamento [sic] e à mediocridade, passa a ser vista como qualidade".[4]

Essa crítica "pela esquerda" da "opção preferencial pela moderação" encontra muitos adeptos, e existem veículos onde sua influência é bastante perceptível. Mas há também uma crítica "pela direita" aos "engajados", como bem colocado por Eugênio Bucci: "o jornalismo [...] define-se apenas por uma ética [...] baseada no combate à mentira ou, noutra perspectiva, na busca da verdade dos fatos – não na verdade metafísica, nem na verdade religiosa, muito menos na verdade científica, mas simplesmente na verdade dos fatos. Pode parecer uma pretensão modesta, a do jornalismo. Mas na verdade ela é uma pretensão tão vasta que talvez seja inalcançável. No fundo da ética jornalística dorme um problema do tamanho do mundo. A verdade dos fatos existe? Existe um relato perfeitamente neutro e isento? A objetividade perfeita é possível? Não, não e não. A verdade dos fatos é sempre uma versão dos fatos [...]. A objetividade perfeita nunca é mais que uma tentativa bem-intencionada" (p. 51). Sou levado a concluir, portanto, que a verdade, para o jornalista, nada mais é que um equilíbrio entre versões, sempre mais de uma.

Diante disso, não há dúvida de que há algo em comum entre o jornalista "engajado", que entende que seu dever é a crítica e que o mundo está regido por uma conspiração neoliberal, e o jornalista "equilibrado" ou "centrado": o gosto pelo "alternativo", ou a necessidade deste para compor um equilíbrio de versões.

No manual "engajado", o autor observa, logo de início, de forma cândida, que "a abordagem é radical, visando o desenvolvimento do espírito crítico e dos sentimentos humanistas

---

4 Bernardo Kucinski, *Jornalismo Econômico*. São Paulo: Edusp, 1996; p. 185.

essenciais ao jornalista" (p. 17), ao que se segue uma coleção de capítulos temáticos, sempre trazendo o que há de mais "alternativo" e *antiestablishment* em cada um dos grandes tópicos econômicos da vida brasileira dos últimos anos. O jornalista "equilibrado" seguramente não adotará aquelas teorias como suas, mas elas serão essenciais para que se componha o "equilíbrio entre versões" acima aludido. O jornalista "equilibrado" terá horror de ver-se criticado por adotar "o pensamento único" ou por não "ouvir o outro lado", *mesmo quando exista apenas uma versão que faça sentido*. De toda maneira, o "alternativo" sempre acaba alcançando o privilégio de equiparar-se, em status ou espaço na mídia, ao *mainstream*, a despeito de existir, na economia como em qualquer outro ramo especializado e complexo de conhecimento, léguas de distância entre o estatuto científico de cada uma dessas "versões" da realidade.

Para o economista profissional, o manual "engajado" é quase um manifesto sobre o que será designado, sem piedade, por Carl Sagan como "pseudociência".[5] É ele que pergunta: existirá uma "outra versão" da ciência? Será a ciência um sistema de crenças como qualquer outro? De modo que, pergunto eu, caberia ao jornalista sempre "equilibrar" essas diferentes visões de mundo? Ainda que existam "nuanças", minha experiência é a de que a idéia de uma "teoria" ou de uma "ciência" construída sobre um tema tão "prático" como a economia[6] encontra enormes resistências entre profissionais de mídia. Como em quaisquer das ciências humanas, os economistas interagem com o seu objeto de estudo de maneiras impensáveis para os químicos, por exemplo, mas que os jornalistas parecem compreender bem. De toda maneira, a "teoria econômica", a despeito de sua matematização recente, tem uma relação com a história que é muito especial. Essa origem empírica é, na verdade, um traço

---

[5] Carl Sagan, *O Mundo Assombrado pelos Demônios*. São Paulo: Companhia das Letras, 1995.
[6] Baseado na seção 4.1 de *O Desafio Brasileiro*, que por sua vez consolida notas apresentadas no painel "A Produção do Conhecimento em Ciências Sociais", contando também com a participação dos professores Gilberto Velho e Vanderlei Guilherme dos Santos, no seminário "As Novas Epistemologias: Desafios para a Universidade do Futuro" (PUC-Rio, setembro de 1999).

bastante mais geral de todas as "ciências do homem", ou ciências sociais. Escolados na diversidade, os economistas, os historiadores e os cientistas sociais, em geral, sabem que a trajetória de cada país é única e que as lições da história são de enorme valor, embora de difícil discernimento e translado para outros contextos. O problema é que a história não oferece lições assim tão claras e pode ser, inclusive, usada contra a teoria ou a favor de uma alegação costumeira, a de que a unicidade de cada experimento ("o Brasil é diferente") pode ser sempre invocada em benefício da intuição e do amadorismo, e contra a idéia de que o economista dispõe de um saber realmente privilegiado sobre seu objeto de estudo. Campos específicos de conhecimento, ou "ciências aplicadas", como a economia, a medicina ou o direito, parecem presas fáceis para vulgarizações do famoso Princípio da Incerteza, formulado em 1927 pelo físico alemão Werner Heisenberg, segundo o qual todo objeto é alterado pela observação. O princípio tinha como referência o mundo subatômico da mecânica quântica, mas, no campo das ciências do homem, é comum encontrar uma formulação "de esquerda" da mesma tese segundo a qual a *objetividade* em ciências sociais é impossível, pois o observador é parte do objeto e sua perspectiva é determinada pela sua posição no processo produtivo; por conseqüência, por sua classe social e por seus interesses orgânicos. E, em conclusão, como a objetividade não existe senão como ideologia burguesa, uma proposição científica apoiada pela evidência empírica vale tanto quanto uma resolução tomada num congresso partidário. Para o jornalista "equilibrado", assim como para o "engajado", o fato é que existem duas "versões" da mesma verdade, e sempre é preciso haver duas versões, ouvir o "outro lado".

Como subciência, gênero literário ou instrumento de advocacia de interesses especiais, a economia tem estado permanentemente sob pressão, perseguida por jornalistas, por metodologias alternativas, detratores sistemáticos, críticos amadores, "praticantes" educados pela escola da vida, convenções partidárias, expatriados das "escolas práticas de saber econômico", como foram chamados alguns órgãos de governo, todos a apontar suas limitações. A despeito das culpas individuais e fraquezas inevitáveis de economistas profissionais, sem disposição para o diálogo fora da academia, não há dúvida de que temos aí os indícios de um problema mais geral. Para as ciências sociais, ou campos aplicados de conhecimento, o divórcio do senso comum e a institucionalização da produção científica são ainda mais perigosos do que no caso das ciências da natureza. Se ao encontro destas se ergue uma infinidade de ataques oriundos do preconceito e da ignorância, ou da perplexidade, ou mesmo da revolta pelas suas conquistas, imagine-se o que pode surgir como objeção para as ciências que procuram tratar do comportamento humano, individual ou social. *As ciências em geral não têm problemas em lidar com a ignorância, pois enfrentá-la é seu ofício, porém dentro de seu próprio campo e sob as regras objetivas da academia e do método científico.* Mas, como já mencionado, os problemas maiores estão fora das cidadelas universitárias de onde boa parte dos praticantes das ciências "duras" nunca precisa sair. Toda ciência, conforme observa Carl Sagan, convive necessariamente com a sua sombra, sua vulgarização, sua "pseudociência":

> Cada área da ciência tem o seu próprio complemento de pseudociência. Os geofísicos têm que se haver com Terras chatas, Terras ocas, Terras com eixos loucamente oscilantes, continentes que emergem e afundam rapidamente, além de profetas de terremotos. Os botânicos têm plantas cuja ardente vida emocional pode ser monitorada com detetores de mentiras, os antropólogos têm homens-macacos sobreviventes, os zoólogos têm dinossauros remanescentes e os biólogos evolutivos têm os literalistas bíblicos mordendo o seu flanco. Os arqueólogos têm astronautas antigos, ruínas forjadas e estatuária espúria. Os físicos têm máquinas de movimento perpétuo, uma multidão de refutadores amadores da Teoria da Relatividade, e talvez a fusão a frio. Os químicos ainda têm a alquimia. Os psicólogos têm grande parte da psicanálise e quase toda a parapsicologia. Os economistas têm previsões econômicas de longo alcance. Até agora, os meteorologistas têm a previsão do tempo a longo prazo a partir das manchas solares [...]. A astronomia tem, como sua pseudociência mais importante, a astrologia, a disciplina que lhe deu origem. As pseudociências às vezes se cruzam, combinando a confusão – como nas bus-

cas telepáticas de tesouros enterrados na Atlântida, ou em previsões econômicas astrológicas.⁷

Não há dúvida, ademais, de que é muito mais fácil apresentar a pseudociência ao distinto público do que a ciência, pois aquela não apenas parece mais simples como mais profundamente apela às necessidades emocionais ou financeiras das pessoas. "Quando a medicina tradicional fracassa", – diz Sagan (p. 228) – "quando temos de nos conformar com a dor e a morte, é claro que estamos abertos a outras perspectivas que mantenham a esperança." O mesmo vale para a economia: a boa teoria, que recomenda medidas de contenção, estará sempre em desvantagem contra uma "pseudoteoria" que recomendará medidas simpáticas aos políticos no poder e à população em geral, ainda que desastrosas a médio prazo. Quando confrontadas as duas "versões", pelas mãos do jornalista, o público desconhece qual das duas é a "pseudociência". E pior: *para o jornalista treinado em mostrar sempre "os dois lados", não importa a objetividade. Quando há moderação, não há partidarismo. Quando há, a preferência é sempre pelo "alternativo" e "crítico", ou seja, pela "pseudociência".*

As ciências da natureza têm uma convivência tensa, mas relativamente mais fácil, com as mistificações inofensivas: ufologia, espiritualismo, percepção extra-sensorial, telepatia, telecinesia, "visão remota", estátuas que choram, rabdomancia, poder das pirâmides, quiromancia, numerologia – a lista é interminável. Os partidários da "Nova Era", assim como os jornalistas de formação marxista ou que acreditam no manual "engajado" da USP, podem perfeitamente argumentar que "a própria ciência é irracional ou mística. É *apenas outro credo*, outro sistema de crença ou outro mito, e não tem mais justificação do que qualquer um dos outros" (ibid., p. 244). Com efeito, para os não-iniciados, os mecanismos subjacentes ao tarô ou às auras multicoloridas podem ser tão incompreensíveis quanto os da mecânica quântica ou a lei das vantagens comparativas. Mas, de toda maneira, a despeito do tratamento cortês e "politicamente correto" dedicado aos sistemas alternativos de crenças –

---

⁷ Carl Sagan, op. cit., p. 54-5.

inclusive, por que não dizer, às religiões dominantes no mundo ocidental –, *é difícil imaginar duas ou mais formas de "objetividade"*. As ciências "duras" podem adotar uma indiferença olímpica diante disso tudo, apenas evitando que esses fenômenos e seus sacerdotes invadam a Torre de Marfim. Mas, para alguns pobres economistas, que precisam lutar em campo aberto, disputando a opinião pública, discutindo com jornalistas "especializados" sempre prontos a contradizê-los com a ajuda da "pseudociência" e educados para acreditar sempre no "alternativo", a situação é bem diversa. Na imprensa e nos debates parlamentares, a retórica e a mistificação são recursos legítimos e de grande importância nos embates que governam as decisões políticas. Nessas disputas no campo da política econômica, o "alternativo" se apresenta com o mesmo estatuto da sabedoria do *mainstream* da profissão, amadores e profissionais são colocados em pé de igualdade a serviço das correntes políticas em confronto. O jornalismo deveria ajudar o distinto público a discernir a boa da má ciência econômica, o que, infelizmente, não parece ser o que se ensina nas escolas de jornalismo, ao menos a julgar pelo manual da USP. Passou o tempo da crítica indiscriminada e do combate à ditadura, e parece começar uma era de objetividade, de análise e de informação bem trabalhada. O jornalista econômico precisa ser um pouco economista, para ter discernimento e decodificar um mundo econômico cada vez mais complexo. O economista precisa ser jornalista para alcançar a opinião pública, melhor explicar seu ofício e persuadir. Se alguma conclusão podemos tirar, é que as barreiras ao comércio entre as duas profissões devem ser rompidas.

GUSTAVO FRANCO é professor licenciado do Departamento de Economia da Pontifícia Universidade Católica do Rio de Janeiro, foi presidente do Banco Central do Brasil entre 1997 e 1998 e é autor de *O Desafio Brasileiro* (Editora 34, 2000) e *O Plano Real* (Francisco Alves, 1996), entre outros livros.

Este artigo foi originariamente publicado no livro *A Mídia e os Dilemas da Transparência – VII Seminário de Comunicação Banco do Brasil* (organização de Alberto Dines; Banco do Brasil, 2002).

O FUTURO JÁ CHEGOU
Luiz Carlos Mendonça de Barros

Gostaria, primeiro, de situar em que condição estou aqui para conversar com vocês. Eu já fiz muita coisa na vida, muita coisa diferente. De dois anos para cá, tenho uma experiência sobre a qual eu gostaria de falar: estou envolvido com o jornalismo econômico, mas sob um prisma bastante particular. Há cerca de dois anos, fui procurado por jornalistas que queriam fazer um novo jornal – que veio a ser o *Valor Econômico*. Na época, eu estava estudando e lendo muito sobre internet e, para aquele grupo de jornalistas econômicos de muita categoria, falei: "Olha, acho que, a esta altura do campeonato, eu não tenho interesse em começar um jornal tradicional. Se vocês quiserem, no entanto, dar início a um jornal de internet, em um *site* diário de economia e política, isso me interessa".

Não era bem o que eles queriam ouvir, mas começamos a trabalhar no projeto. Mais tarde, apareceu o projeto do *Valor* e o grupo preferiu migrar, mas eu já tinha começado esse sonho e trouxe para trabalhar comigo o Reinaldo Azevedo, que foi editor-adjunto de Política da **Folha de S.Paulo**, coordenador de Política da Sucursal de Brasília e redator-chefe das revistas *República* e *Bravo!*. Com muito entusiasmo, começamos o projeto de um jornal de economia e política diário, digital, o *Primeira Leitura*, do qual eu sou o *publisher*. Atualmente, temos um grupo de 15 jornalistas que produzem esse *site* diário.

E como foi que resolvemos organizar o projeto? O *site* não é, primordialmente, um gerador de notícias, o que pode parecer um absurdo para vocês, que estão estudando. Sei que a função dita principal de um jornalista é sair à caça da notícia, não é? Vamos ponderar algumas coisas: o mundo de hoje vive afogado em informações, uma realidade parecida com aquela vivida no filme *Afogando em Números*, do diretor inglês Peter Greenaway. E por que isso ocorre? Porque a criação dessa plataforma eletrônica de comunicação, chamada internet – sem contar as outras estruturas que vêm sendo montadas nos últimos dez anos –, produziu uma verdadeira revolução na relação entre o fato gerador da notícia e as pessoas que a produzem.

Por que é uma revolução? Em primeiro lugar, essa rede proporcionou uma velocidade formidável no envio e recebimento de informações. Em segundo lugar, ela é muito barata. No passado, existiram exemplos de rede de informações, mas custavam fortunas. Essa não, é popular. As pessoas, em suas casas, no trabalho ou na escola, podem entrar nessa rede pagando pouco. Ela cobre o mundo inteiro com uma velocidade extraordinária. E há um terceiro aspecto importantíssimo: ela é digital, o que lhe permite se espalhar por meio de computadores.

Vou contar uma história para vocês, que aconteceu em 1992, na Finlândia, o país onde está a Nokia. Esta era uma empresa que, por muitos anos, fez botas de borracha e acumulou capital. Na década de 1980, três engenheiros brilhantes pensaram o seguinte: "Espera aí, está começando um negócio de telefone celular, que as pessoas não estão vendo direito, e é algo fantástico. Vamos usar esse dinheiro para fazer celular?" Os donos da Nokia toparam, e a empresa passou de fabricante de botas de borracha a fabricante de celulares analógicos, muito bons, mas nada extraordinários.

Em 1992, os engenheiros conseguiram, a um custo baixo, transformar nossa voz analógica em um sinal digital de computadores. O sujeito chegou a uma reunião, exibiu um telefone celular e perguntou para a diretoria da Nokia: "O que é isto aqui?" Os finlandeses se entreolharam, certamente a pensar: "Nossos brilhantes engenheiros piraram". E o mesmo que fez a pergunta responde: "Isto aqui é um computador". Eis o grande sucesso da Nokia. Na verdade, o celular é um PC, um terminal de computador, ainda com algumas restrições, mas a próxima geração que vem para o Brasil será de computadores, com dados transmitidos por ondas de rádio. Com ele, poderemos ler notícias, enviar mensagens, textos, imagens.

Essas mudanças tecnológicas vão afetar nossa vida de uma maneira definitiva. E vão afetar especificamente aquilo que interessa a vocês, que é o jornalismo. Eu, por exemplo, gosto muito de ler o *Le Monde*, um jornal francês extraordinário. A minha geração tinha de ir ao aeroporto de Congonhas para comprar o jornal com três ou quatro dias de atraso. Hoje, em casa, devido ao fuso horário, se um dia perco o sono, posso ler o *Le Monde* como se estivesse na França.

É evidente que ainda há barreiras muito grandes. Nem todo mundo tem acesso à internet. Mas, a cada ano que passa, é maior o número de pessoas que estão nesse sistema eletrônico. Mais do que isso: cada criança que nasce caminha para essa realidade. A mudança é lenta, mas constante. Muitas pessoas não estão percebendo esse movimento. Há donos de jornal que, até hoje, não sabem por que as vendas estão em queda. Ora, o acesso à maioria dos jornais eletrônicos é gratuito, ninguém precisa sair de casa. Mais do que isso: o internauta pode fazer o seu próprio jornal, selecionando e hierarquizando as notícias que quiser ler. Um jornal tradicional tem de ser vendido para públicos distintos. Por isso, é um "jornalzão". Na versão eletrônica, o leitor "faz" o jornal que quiser, pode programar seu computador para selecionar notícias que façam referência a uma determinada palavra, a um determinado tema.

Sei que há as pessoas que ainda falam: "Não consigo tomar o café-da-manhã sem ler meu jornal". Certamente seu filho, ou neto, vai pensar de maneira diferente. A geração de vocês já tem de ser formada nesse novo paradigma. É evidente que haverá ainda muito emprego no modelo anterior, mas esse novo, que ainda não é majoritário, só tende a crescer.

Tal fenômeno é particularmente importante no jornalismo econômico porque, como disse muito bem o Gustavo Franco, a informação econômica é aquela cuja demanda é a mais urgente. Uma informação sobre cinema ou sobre quem vai ganhar o Oscar pode ser lida de manhã ou à noite, a depender do interesse do leitor. A informação econômica, não! É ela que faz com que a formação de preço dos vários mercados se dê de forma mais perfeita. O jornalismo econômico é o primeiro segmento da profissão de vocês que será afetado. Os jornais impressos não têm mais essas informações ou, se as têm, é porque se dirigem a um público que não está ainda no jornalismo eletrônico, o que vem diminuindo a cada dia.

A informação hoje é *on-line*, não pode esperar o jornalista ir para rua, fazer a matéria, voltar para o jornal às seis da tarde, sentar, escrever, discutir com o editor, esperar todo o processo industrial para estar na porta do leitor no dia seguinte. Isso não existe mais.

Conversem com uma pessoa da área econômica, do mercado financeiro, de uma empresa, mandem-na ler a página de economia de um jornal do dia seguinte. Ela vai lhes dizer: "Isso aqui já foi, já aconteceu". Por quê? Porque o fuso horário dela está 24 horas adiantado – ou o do jornal está 24 horas atrasado. Essa é uma mudança extraordinária, que vai afetar a profissão de vocês. Nesse segmento, com a estrutura eletrônica, a notícia que o jornalista busca hoje vai para o sistema eletrônico e influencia o mercado imediatamente.

Lembro-me da época em que o jornalista ficava na Bolsa de Valores de São Paulo para informar cotações, tendências de mercado. Isso hoje se dá *on-line*. A transação da Bolsa de Valores é eletrônica. Ao ser concluída, gera notícia imediatamente. Nesse aspecto em particular, não há como um jornalista vencer um computador, o que leva o jornalista de economia, eventualmente, a se perguntar: "O que vou fazer agora, se eu tenho um concorrente, o computador, que trabalha por um salário infinitamente menor que o meu e tem fontes que eu não consigo ter?" O computador, afinal, está na Bolsa de Nova York, na Bolsa de Tóquio, no mercado de petróleo... Ele é um jornalista extraordinário porque ganha pouco e trabalha 24 horas por dia. Não come, não dorme, não namora. Tem esse dom da ubiqüidade. Então, que espaço sobra para um jornalista? Ora, resta o importantíssimo espaço da análise da notícia, do comentário. O jornalista perspicaz consegue encontrar informações laterais, aparentemente descoladas do centro dos fatos, mas que são fundamentais. A rigor, é uma tarefa mais difícil do que detectar aquele que é o centro do noticiário. O jornalista econômico, hoje, é aquele que consegue ler o seu concorrente eletrônico e perceber coisas que não estão claramente explicitadas, que devem ser buscadas para agregar valor e mudar referências. Para tanto, é vital uma formação e um entendimento privilegiados do fenômeno que ele está cobrindo.

Então, que cenário eu gostaria de desenhar para vocês? Há uma grande e extraordinária mudança na forma como o jornalismo será feito nos próximos 20 ou 30 anos. Por causa dessa nova plataforma, em vez do jornal impresso, tem-se uma tela eletrônica que cobre o mundo todo, em tempo real. E tudo isso custa muito pouco. A assinatura mais cara de um jornal eletrônico, que eu saiba, é a do *The Wall Street Journal*, que custa US$ 79 por ano.

Essa nova forma de fazer jornalismo vai criar esse jornalista que pode estar, ao mesmo tempo, em qualquer lugar do mundo, que não dorme, não come, não namora nem tem salário. Como é que vocês vão concorrer com ele? Não é possível! Esse monstro criado pela rede eletrônica vai tomando novas formas. Em breve, o celular pode ser meu jornal. Se a pessoa não enxergar direito, for meio míope, poderá ligar o aparelho a uma tela. Eis o mundo do qual nós estamos falando.

Ora, qual é o impacto disso sobre a profissão? O fenômeno já está gerando um novo tipo de jornalismo econômico. Esse superjornalista sem necessidades humanas de que falei aqui é burro. Ele é uma máquina de dar informação, mas é incapaz de pensar, de refletir. Se o jornalista que corre atrás da informação, no jornalismo econômico, está se tornando desnecessário, tornou-se vital o profissional capaz de ler as notícias, selecionar o que interessa, descartar o irrelevante e, sobretudo, analisar o conjunto.

Peguemos um cenário imaginário. Caso tivesse início um processo de paz entre israelenses e palestinos, talvez não fizesse sentido os EUA atacarem o Iraque, o que provocaria uma queda nos preços do petróleo. Tal fato poderia provocar no Brasil uma queda no preço da gasolina, quem sabe com redução da taxa de juro... Esse diagnóstico não é fácil, mas é um dos espaços do jornalismo econômico.

Para quem não gosta de ser analista, porque isso não implica buscar a informação na fonte primária, existe um espaço. Esse profissional pode, ao ler a notícia no meio eletrônico, perceber aspectos particulares que vão gerar notícia nova. Mas esta será certamente uma notícia que vai requerer uma formação e uma elaboração mais complexas. Mais do que isso: tal profissional terá de ter uma certa intuição, intuição esta nascida de um conhecimento específico. Eis o novo jornalismo que está nascendo e que tende a ser a parte mais nobre da profissão em cinco ou dez anos, não mais do que isso.

LUIZ CARLOS MENDONÇA DE BARROS, doutor em economia, é *publisher* do *site* e da revista *Primeira Leitura*. Foi ministro das Comunicações do governo Fernando Henrique Cardoso, em 1998, e presidente do BNDES, entre 1995 e 1998.

JORNALISMO ECONÔMICO E A INTERNET
Celso Pinto

O bom de ter ficado por último é poder começar pelo debate. O que eu pensava em falar complementa, com uma visão diferente, o que o Luiz Carlos [Mendonça de Barros] falou. O Gustavo [Franco] levantou algumas questões específicas na área do jornalismo econômico, que são pertinentes e dizem respeito ao impacto que pode haver em razão da rapidez da disseminação da informação, da responsabilidade no manejo dessas informações etc. Esses são assuntos relevantes, mas que prefiro deixar para os debates mais à frente.

Quero falar de uma questão que precede, que envolve, alguns problemas que o Luiz Carlos colocou e que eu gostaria de comentar. No fundo, mais do que discutir jornalismo econômico, é importante discutir o jornalismo. O que há de tão específico no jornalismo? Existe distinção entre os veículos – do telejornal à gigantesca produção de notícias em uma fonte nova, riquíssima, espetacular, que é a internet? Qual é essa diferença? Tudo é jornalismo ou não? Vamos discutir o que é o jornalismo e depois ver o que há de específico na área do jornalismo econômico que pode ser agregado a esta discussão.

O bom jornalismo é um conceito que evoluiu ao longo do tempo. O jornalismo em geral e o jornalismo econômico em particular não nasceram e cresceram, necessariamente, bonitos. Nasceram da necessidade de reproduzir informações. Mas, em alguns países, em certas épocas, o jornalismo virou um jogo descarado de especulação, chantagens, usado em benefício de pessoas ou grupos. Até a década de 1920, nos Estados Unidos, era assim: prevalecia o jornalismo sensacionalista, e havia manipulação também no jornalismo econômico. Na Inglaterra, na década de 1890, a especulação na Bolsa foi um escândalo, e vários jornais participaram dele. Fazia-se jornalismo econômico para ganhar dinheiro, chutando para cima uma ação, derrubando outra. Na década de 1920, aconteceram vários casos desses. O jornalismo no Reino Unido alternou fases em que foi instrumento para especulação com fases em que serviu como canal para discutir idéias, ajudando a disseminar noções que foram absorvidas pela sociedade, originadas de grandes economistas, que souberam usar muito bem a imprensa como forma de persuasão, uma arte vital na economia.

Houve fases de pura especulação. Mas, depois dos anos 1940, 1950, o jornalismo passou a ganhar outra conotação. Começou em países democráticos e desenvolvidos, nos Estados Unidos e na Europa, e foi se disseminando e se firmando nos outros países. Que conotação é essa? A noção de que o jornalismo é um serviço público, que lida com o interesse do cidadão e que deveria ser exercido por instituições e empresas que tivessem fé pública. Ou seja, além de serem instituições ou empresas com fins lucrativos, com acionistas A, B ou C com aspirações e interesses particulares, acima de tudo operam com jornalismo, que trata da questão do bem público.

Como fica a questão do bem público do ponto de vista da veiculação de fatos e informações? Significa investigar, trazer à tona e veicular fatos importantes para as mais diversas áreas da sociedade. A comunidade deve ser informada sobre temas, fatos, assuntos relevantes, para poder reagir democraticamente, interagir. Precisa conhecer as mazelas da sociedade em que vive, precisa ser informada das coisas ruins que eventualmente o sistema produz.

O jornalismo como algo que tem (ou que deveria ter) compromisso acima de tudo com o público, ou seja, com o cidadão e com a formação do cidadão, é uma noção relativamente nova, mas poderosa. Tão poderosa que, para um jornal que se preze, que se intitule bom jornal, essa noção deveria ser sagrada. Nas últimas décadas, isso veio se disseminando e se firmando; acho que na essência isso não mudou nem vai mudar.

O que distingue o jornalista dos outros profissionais, do analista e do articulista que escrevem no jornal, do sujeito que emite sua opinião, é que o jornalista deveria ter muito clara para si e presente o tempo inteiro a noção de que seu primeiro e maior compromisso é com o bem público, com o cidadão. Isso é o que distingue o jornalista dos outros. Não que o jornalista seja melhor ou pior do que os outros, estou dizendo que é o que o distingue. Um economista pode estar defendendo com garra sua opinião em um jornal, e sua briga pode trazer enorme benefício para todos os cidadãos, mas seu compromisso é com suas idéias, quem sabe com seu partido, às vezes com sua empresa, ou ele até pode estar agindo por altruísmo. Outros profissionais que estejam trabalhando no jornal também podem ter seus interesses particulares, para os quais o jornal é um veículo perfeitamente razoável e legítimo de ser utilizado. Mas o jornalista deveria ter só um compromisso, que é com o público. O que quer dizer esse compromisso com o público? Em primeiro lugar, compromisso com a verdade. E qual verdade? A verdade que o jornalista for capaz de obter através do que ele for capaz de levantar. Isso não quer dizer que ele conseguirá ser totalmente objetivo; a noção de objetividade é evidentemente discutível. O que eu quero dizer é que ele deve trabalhar com boa-fé, deve ter como motor o desejo de fazer o melhor e chegar o mais próximo da verdade dos fatos, orientado pelo interesse do público, do cidadão. Não estou dizendo que o jornalista sempre consiga fazer isso, mas esse deveria ser o seu norte. Levantar fatos, apurar fatos, usar seu espaço corretamente, de uma forma balanceada, o que não quer dizer de uma forma perfeitamente objetiva.

 Acho que o Gustavo tem razão: em alguns casos não há dois lados, há um só, e em alguns casos há três ou quatro. O equilíbrio do jogo não é perfeito, isso não existe. Mas você precisa sempre ter boa-fé, e julgar sempre visando a um único objetivo, que é o bem público, ou seja, o direito do público, do cidadão, de ser informado sobre algo que é relevante.

 Essa é a teoria. Na hora de discutir os novos meios de disseminação de informação, como é o caso da internet, essa questão não muda, o essencial não muda. Mas na prática ela é colocada em xeque mais vezes do que era no passado, e de forma muito mais avassaladora. Por quê? Porque a internet trouxe a capacidade de disseminação instantânea de informações e, em inúmeros casos, de forma pouco responsável. Não é o caso, obviamente, do trabalho excelente do Luiz, não é a isso que estou me referindo. É muito bom poder ler o *Le Monde* de manhã, o *Wall Street Journal*. O problema são notícias irresponsáveis, mal apuradas, equivocadas ou até mesmo inventadas, de má-fé – tudo isso em escala mundial e com um grau maior de impunidade. Nós, jornalistas, sabemos como algumas informações na internet são feitas, o grau de absoluta irresponsabilidade com que essas informações são feitas, em todas as áreas. Não quero dizer que um grande jornal impresso sempre vai oferecer ao leitor notícias com aqueles valores de compromisso com o bem público a que me referi. Quero dizer que o leitor espera que um grande jornal sempre ofereça a ele esse tipo de cobertura, esse grau de acuidade, responsabilidade e interesse público. Toda vez que o jornal não fizer isso, ele será naturalmente cobrado. Na internet, você não tem esse negócio; na internet, você tem show de informações voando para todos os lados. Exceto nos casos em que a internet está servindo como meio de divulgar informação cuja fonte é conhecida. Quando a internet está veiculando notícias cuja origem é a **Folha**, o *Estado*, o *Le Monde*, o *The Wall Street Journal* ou o *Los Angeles Times*, jornais que você conhece, tudo bem. Você tem de quem cobrar, você sabe onde é produzido. Quando a internet está sendo feita pelo *site* X, Y ou Z, esse grau de cobrança é muito menor.

 O outro ponto que caracteriza fortemente a internet é o gigantesco grau de repetição de informações. No caso dos mercados, são veiculadas informações primárias, ou seja, dados que saem do governo, dos mercados, dos institutos tipo IBGE e FGV etc. Evidentemente, a veiculação delas via internet é central, é por aí que se fazem os mercados, não há dúvida nenhuma. Mas o que é veiculado não se resume a isso. Tirando essas informações básicas, primárias, o resto das informações que circulam pela internet inclui um grande número de repetições e um grande número de informações pouco confiáveis, pouco checadas, em alguns casos irresponsáveis e em outros casos propositadamente enviesadas.

E para que serve o jornal de economia? Acho que o jornal tem utilidade, sim – aliás, o *Valor* é um exemplo disso. O jornal tem uma função mais analítica, serve para organizar esse mundo de informações *on-line* que os leitores de economia têm no dia-a-dia e tentar trazer uma ordem, uma hierarquia, fazer uma seleção, que é o que o leitor espera de um grande jornal. Mas jornalismo não é só selecionar notícias. O jornal tem obrigação de trazer fatos e informações relevantes, novos, todos os dias. Durante alguns meses, checamos quantas informações da primeira página do *Valor* eram exclusivas, ou seja, eram informações que ou o leitor leu no *Valor* ou não soube em lugar algum. Para nosso espanto, o índice deu 85%. Se tivéssemos o *Valor* aqui, poderíamos testar isso na prática; mas, lembrando de cabeça as matérias principais da edição de hoje: a manchete é a informação de que o presidente Fernando Henrique teve um almoço com o Antônio Ermírio e chamou os banqueiros, preocupado com o nervosismo do mercado, pediu que esses empresários tentassem acalmar as coisas. Por quê? Porque o governo está preocupado, sim, com esse nervosismo. Bom, essa informação ou você leu no *Valor*, ou você não leu em lugar nenhum, nem na internet, nem em lugar nenhum. A segunda principal matéria do jornal *Valor* de hoje é uma reportagem investigativa de duas páginas inteiras. Nós trabalhamos nela durante dois meses, com um enorme cuidado. São documentos que se tornaram públicos, mas que você só consegue investigando. Nos Estados Unidos, as empresas de cigarro, ao fazerem aquele acordo com a Justiça americana, foram obrigadas a disponibilizar na internet milhares de páginas de informações. Mergulhando nessas páginas, nós levantamos um histórico que não havia sido publicado, ninguém tinha lido essa parte da documentação. E mostra o quê? Mostra a troca de documentos entre a presidência da Souza Cruz aqui no Brasil e o diretor da BAT, a empresa inglesa dona da Souza Cruz. Essa documentação mostra que a Souza Cruz estava sendo prejudicada pela entrada de contrabando de cigarro do Paraguai. A certa altura, ela decidiu usar o contrabando para manter o seu mercado. Propositadamente, exportou bilhões de cigarros para o Paraguai, sabendo que os canais de volta seriam os canais de contrabando. Usou o canal do contrabando para ganhar mercado no Brasil, na Argentina, na Bolívia, na Colômbia. Bom, é uma informação relevante? Sim. Você leu essa informação em algum lugar? Não, não leu. Essa é uma informação que sai na internet? Não sai. Isso é o papel do jornal? Sim. É uma informação que o povo tem direito de saber, é um fato importante.

Realmente a internet é barata – quer dizer, fazer um bom trabalho não é tão barato, mas o problema da internet é que, no limite, você só precisa de um computador, você senta lá e manda ver. Esse jeito baratinho de fazer jornalismo produz um certo tipo de jornalismo, mas só faz bom jornalismo quem tem recurso, quem faz de uma forma séria, como é o caso do Luiz Carlos, que faz com competência.

O jornalismo na internet, em geral, não tem nem a capacidade, nem os recursos, nem a visão, nem a cobrança pública, nem a responsabilidade que são intrínsecos ao jornal impresso. Esse papel o jornal vai continuar exercendo, e, quando o jornal deixar de fazer, espero que alguém faça dessa maneira em qualquer meio que seja: internet, televisão, onde for. Esse é o ponto a que eu queria chegar. Há um papel intrínseco, uma postura específica, que se espera e se cobra do jornalista e que é uma obrigação. Nós, jornalistas, temos que tentar atender. Essa aspiração exige recursos, exige dedicação. Por isso, alguns jornais tradicionais acabam sendo fontes importantes de informação primária na internet. Você pode até não gostar deles, mas eles têm um mínimo de credibilidade, de fé pública acumulada, para que você possa ler e dizer "Esta é uma informação relevante" ou "Eu acredito nela porque eu sei de onde ela veio". Essa é a polêmica que eu queria deixar para o debate.

CELSO PINTO é jornalista econômico, diretor de Redação no jornal *Valor Econômico* e colunista da **Folha**. Foi editor, correspondente em Londres e redator-chefe da *Gazeta Mercantil*, onde trabalhou de 1975 a 1996.

JORNALISMO DE INTERNET

JORNALISMO DE INTERNET
Caio Túlio Costa

Em primeiro lugar, gostaria de pedir a todos um minuto de silêncio pelo assassinato do jornalista Tim Lopes, da Rede Globo, quando estava em missão profissional.

Obrigado. Agradeço também à **Folha** e ao professor José Marques de Melo pelo convite.

Levante a mão, por favor, quem achar que o jornalismo tem audiência pouco significativa na internet. Vejo que são poucos os que levantam a mão. Vamos ver quem tem razão.

Na tabela da audiência dos portais no Brasil [*tabela na página 107*], pode-se observar que nenhum dos 50 portais mais visitados no Brasil é um portal somente de notícias, só de jornalismo. Mesmo o 31º lugar, que é o portal do *Estadão*, não é de jornalismo puro, porque carrega listas telefônicas, as *Páginas Amarelas*.

Na audiência dos portais nos Estados Unidos [*tabela na página 108*], só quatro entre os 50 primeiros mais visitados são portais de notícia: a CNN em 12º lugar; o MSNBC (o *site* de notícias que a Microsoft e a rede de tevê NBC montaram juntos), em 15º; o CNET (um *site* que cobre a indústria de tecnologia) em 28º; e o *site* do jornal *The New York Times* em 38º.

O portal de maior audiência entre esses quatro, o da rede de televisão CNN, com 19 milhões de visitantes únicos por mês (a soma dos visitantes únicos mostra o total de pessoas diferentes que consultam um *site* ou um portal no mínimo uma vez por mês), corresponde a apenas 27% da audiência do portal em primeiro lugar, o Yahoo!, que possui 72 milhões de visitantes únicos por mês e oferece uma gama extraordinária de serviços, entre os quais o jornalismo é apenas parte.

CONSULTA EM TEMPO REAL – TOP WEB SITES POR DOMÍNIO – IBOPE/E-RATINGS

RANKING DOS DOMÍNIOS DE *WEB SITES* MAIS VISITADOS EM ABRIL DE 2002

	Domínio	Audiência única	Alcance em %*	Páginas vistas	Tempo de permanência por pessoa
1	uol.com.br	4.679.498	65,61	528.607.139	1:02:59
2	ig.com.br	4.377.142	61,37	320.114.971	0:33:29
3	globo.com	3.474.620	48,72	185.250.351	0:30:16
4	bol.com.br	3.204.658	44,93	121.022.767	0:14:52
5	yahoo.com.br	3.156.982	44,26	119.512.725	0:16:02
6	terra.com.br	2.847.334	39,92	167.277.212	0:31:37
7	microsoft.com	2.065.399	28,96	26.736.449	0:07:30
8	msn.com	2.041.373	28,62	183.071.682	0:39:06
9	geocities.com	1.887.366	26,46	21.159.462	0:05:27
10	cjb.net	1.625.799	22,8	8.336.726	0:01:42
11	passport.com	1.619.558	22,71	36.164.575	0:07:52
12	msn.com.br	1.505.776	21,11	24.392.442	0:09:01
13	fazenda.gov.br	1.333.459	18,7	26.178.466	0:12:12
14	icq.com	1.308.049	18,34	11.388.508	0:07:08
15	yahoo.com	1.232.724	17,28	41.131.717	0:21:51
16	google.com.br	1.166.077	16,35	47.748.041	0:15:21
17	caixa.gov.br	1.164.637	16,33	42.428.735	0:33:52
18	kit.net	1.147.387	16,09	46.772.436	0:14:46
19	softclick.com.br	1.143.689	16,04	3.871.554	0:01:39
20	starmedia.com	982.995	13,78	16.617.413	0:06:06
21	ibest.com.br	828.904	11,62	12.492.161	0:09:10
22	terravista.pt	752.531	10,55	4.273.011	0:02:21
23	itau.com.br	715.402	10,03	30.772.984	0:36:34
24	submarino.com.br	690.420	9,68	10.848.952	0:10:55
25	mircx.com	667.889	9,36	1.429.266	0:00:32
26	bancobrasil.com.br	650.255	9,12	21.773.434	0:33:49
27	bradesco.com.br	620.024	8,69	32.273.356	0:33:32
28	gator.com	610.580	8,56	21.833.425	0:22:04
29	bb.com.br	606.621	8,51	6.671.723	0:17:35
30	mercadolivre.com.br	605.735	8,49	12.180.621	0:08:32
31	estadao.com.br	583.944	8,19	10.268.486	0:15:39
32	usp.br	580.800	8,14	12.109.761	0:09:51
33	sp.gov.br	548.188	7,69	10.743.144	0:11:10
34	windowsmedia.com	543.922	7,63	2.946.537	0:04:46
35	google.com	543.752	7,62	9.229.480	0:06:18
36	tripod.com	541.114	7,59	2.917.687	0:02:07
37	cgiclube.net	537.526	7,54	2.059.937	0:00:58
38	hpg.com.br	523.649	7,34	2.028.359	0:01:39
39	unb.br	515.049	7,22	8.774.369	0:15:25
40	symantec.com	514.418	7,21	2.787.985	0:09:03
41	cms 1.net	507.141	7,11	2.058.666	0:08:35
42	superdownloads.com.br	506.770	7,11	9.427.395	0:08:45
43	lycos.com	506.341	7,1	2.044.393	0:01:41
44	aol.com.br	484.288	6,79	6.990.802	0:13:02
45	200.221.24.84	482.443	6,76	1.284.648	0:00:17
46	200.221.24.79	477.167	6,69	1.256.769	0:00:15
47	catho.com.br	469.087	6,58	11.352.214	0:11:59
48	200.221.24.64	468.741	6,57	4.707.633	0:03:59
49	200.221.24.81	456.925	6,41	1.300.084	0:00:14
50	200.221.24.82	449.107	6,3	1.196.950	0:00:19

Fonte: Relatório do Ibope/E-Ratings de abril de 2002 – pesquisa domiciliar no Brasil.
*Junto à audiência ativa no mês.

WEB SITES POR DOMÍNIO – ABRIL DE 2002
PAINEL DOMICILIAR E EMPRESARIAL – LOCALIZAÇÃO: ESTADOS UNIDOS DA AMÉRICA

Ranking por alcance	Domínio	Audiência única (em milhares)	Alcance em %*	Páginas vistas (em milhares)	Tempo de permanência por pessoa
1	yahoo.com	72.373	60,66	15.560.313	2:05:30
2	msn.com	64.432	54	8.002.071	1:15:08
3	aol.com	58.026	48,64	3.326.599	0:36:23
4	microsoft.com	49.452	41,45	865.899	0:12:28
5	passport.com	33.326	27,93	1.161.758	0:10:26
6	amazon.com	32.209	27	778.997	0:13:58
7	google.com	32.158	26,95	2.480.339	0:25:22
8	geocities.com	27.149	22,76	368.891	0:06:57
9	ebay.com	25.666	21,51	7.683.347	2:07:44
10	netscape.com	24.938	20,9	1.059.807	0:36:54
11	go.com	19.985	16,75	1.655.912	0:59:02
12	cnn.com	19.458	16,31	461.174	0:23:37
13	mapquest.com	16.857	14,13	308.642	0:10:59
14	lycos.com	16.825	14,1	660.726	0:17:00
15	msnbc.com	14.763	12,37	270.708	0:25:11
16	about.com	14.617	12,25	209.783	0:07:50
17	windowsmedia.com	14.557	12,2	130.590	0:08:37
18	tripod.com	14.216	11,92	119.026	0:04:06
19	classmates.com	13.915	11,66	472.589	0:12:14
20	weather.com	13.780	11,55	212.383	0:13:43
21	real.com	12.043	10,09	142.760	0:18:13
22	angelfire.com	11.271	9,45	93.626	0:04:12
23	gator.com	11.004	9,22	641.200	0:37:01
24	expedia.com	11.001	9,22	254.397	0:16:48
25	adobe.com	10.770	9,03	51.773	0:04:34
26	infospace.com	10.027	8,4	142.042	0:06:38
27	digitalcity.com	9.959	8,35	120.695	0:07:33
28	cnet.com	9.347	7,83	114.451	0:06:15
29	204.29.171.80	9.288	7,78	30.042	0:02:20
30	com.com	9.279	7,78	87.505	0:06:23
31	earthlink.net	8.952	7,5	279.131	0:24:55
32	travelocity.com	8.709	7,3	220.215	0:15:45
33	weatherbug.com	8.569	7,18	N/A	N/A
34	oingo.com	8.398	7,04	24.206	0:01:07
35	monster.com	7.861	6,59	470.820	0:26:20
36	hotmail.com	7.723	6,47	980.504	1:34:32
37	irs.gov	7.707	6,46	111.111	0:15:55
38	nytimes.com	7.568	6,34	194.675	0:31:52
39	ask.com	7.234	6,06	120.663	0:09:17
40	iwon.com	7.153	6	1.630.563	1:25:15
41	redeemmygifts.com	6.873	5,76	15.844	0:00:34
42	orbitz.com	6.871	5,76	118.378	0:12:24
43	flowgo.com	6.840	5,73	51.292	0:04:08
44	quicken.com	6.811	5,71	99.025	0:32:58
45	paypal.com	6.670	5,59	261.044	0:36:59
46	att.net	6.483	5,43	392.723	0:45:50
47	altavista.com	6.412	5,37	154.827	0:09:43
48	dell.com	6.391	5,36	234.601	0:22:34
49	homestead.com	6.383	5,35	55.784	0:06:05
50	macromedia.com	6.334	5,31	29.787	0:03:14

Fonte: Relatório da Nielsen/Net-Ratings de abril de 2002 – Pesquisa em domicílios e escritórios nos EUA.
*junto à audiência ativa no mês.

Vamos analisar agora a audiência dos *sites* de jornalismo dentro dos portais no Brasil.

O Terra, neste momento, é o sexto portal brasileiro em audiência [*tabela na página 111*]. Entre os 50 *sites* mais visitados dentro do Terra, seis são de notícias jornalísticas. O *jbonline.terra.com.br* está em oitavo lugar, com 6,65% de audiência. O *aovivo.terra.com.br* ocupa a 16ª posição, com 4,04% de audiência. O *jovempanfm.virgula.terra.com.br* está em 20º lugar, com 3,28% de audiência. Em 21º lugar aparece o *idgnow.terra.com.br*, com 3,11% de audiência. O *istoe. terra.com.br* vem em 30º, com 1,91% de audiência. O *esportes. terra.com.br* é o 35º, com 1,66%.

Numa conta não muito acurada, mas que pode nos dar alguma indicação da importância da audiência do jornalismo dentro dos primeiros 50 conteúdos do portal Terra neste período, pode-se ver que o jornalismo representa apenas 6% da audiência desse portal no período em análise. Para chegar a esse percentual, somei todos os percentuais (o que é igual a 364,82) e dividi pela soma dos percentuais dos *sites* jornalísticos (20,65).

O Yahoo! Brasil é o quinto portal brasileiro em audiência [*tabela na página 112*]. Entre os 50 *sites* mais visitados dentro do Yahoo! Brasil, apenas um é de notícias jornalísticas. Trata-se do *br.news.yahoo.com*, em 15º lugar, com 1,74% de audiência. Ou seja, refazendo a mesma conta do exercício que fizemos com o Terra, pouco mais de 0,5% da principal audiência do Yahoo! Brasil vem de *sites* jornalísticos.

O BOL neste momento é o quarto portal brasileiro em audiência [*tabela na página 113*]. Entre os 50 *sites* mais visitados do BOL, apenas um é de notícias jornalísticas e está em 35º lugar. É o *noticias.bol.com.br*, com 0,42% de audiência. Pela conta que estamos fazendo, apenas 0,11% de audiência para o jornalismo.

O Globo.com é o terceiro portal brasileiro em audiência no período analisado [*tabela na página 114*]. Entre os 50 *sites* mais visitados dentro do portal, apenas três são de notícias jornalísticas. O *globonews.globo.com*, em décimo lugar, tem 12,79% de audiência. O *oglobo.globo.com* vem em 20º lugar, com 6,18% de audiência. E o *epoca.globo.com* fica em 29º lugar, com 3,29% de audiência. Então, no Globo.com neste período, temos 6% de audiência para os produtos de jornalismo.

O iG é o segundo portal brasileiro em audiência [*tabela na página 115*]. Entre os 50 *sites* mais visitados dentro do iG, apenas três são de notícias jornalísticas. Em sétimo lugar, o *ultimosegundo.ig.com.br*, com 10,40% de audiência. O *lancenet.ig.com.br* vem em 11º lugar, com 6,83% de audiência. E o *babado.ig.com.br* aparece em 12º lugar, com 6,67% de audiência. Ou seja: 7,2% de audiência para o jornalismo.

O UOL é o primeiro portal brasileiro em audiência [*tabela na página 116*]. Entre os 50 *sites* mais visitados dentro do UOL, oito são de notícias jornalísticas. São eles: *esporte.uol.com.br*, em 9º lugar, com 11,65% de audiência; *noticias.uol.com.br*, em 13º lugar, com 6,93% de audiência; *folha.uol.com.br*, em 15º lugar, com 5,77% de audiência; *pele.uol.com.br*, em 22º lugar, com 4,92% de audiência; *vejaonline.uol.com.br*, em 25º lugar, com 4,54% de audiência; *revistatrip.uol.com.br*, em 30º lugar, com 3,42% de audiência; *placaruol.uol.com.br*, em 37º lugar, com 2,02% de audiência; e finalmente *jovempan.uol.com.br*, em 40º lugar, com 1,46% de audiência. No principal portal do país temos então, seguindo o mesmo raciocínio, 9,5% de audiência para os produtos de jornalismo entre os 50 primeiros *sites* mais visitados.

A AOL Time Warner é o terceiro portal mais visitado nos Estados Unidos [*tabela na página 117*]. Entre os 50 *sites* mais visitados dentro da AOL, seis são de notícias jornalísticas. Em 5º lugar está o *cnn.com*, com 18,36% de audiência. O *money.cnn.com* vem em 18º lugar, com 4,73% de audiência. Em 20º lugar, o *sportsillustrated.cnn.com*, com 5,64% de audiência. Em 25º, o *people.aol.com*, com 4,82% de audiência. Em 28º, o *time.com*, com 4,23% de audiência. E em 36º, o *dailynews.netscape.com* com 3,43% de audiência. Na AOL Time Warner, o percentual de audiência dos sites jornalísticos é parecido com o percentual do UOL: 9,6%.

JORNALISMO DE INTERNET

SEXTO COLOCADO NA AUDIÊNCIA BRASILEIRA, TERRA		
Consulta em tempo real – acesso por domínio Acesso por domínio: terra.com.br Abril de 2002		4,76% é o percentual de jornalismo 364,82 é a soma dos primeiros 50 17,37 é a soma do jornalismo 347,45 é a soma sem jornalismo
Ranking	Audiência em %	Site
1	77,12	www.terra.com.br
2	23,47	planeta.terra.com.br
3	17,12	webmail.terra.com.br
4	14,03	busca.terra.com.br
5	11,21	chat.terra.com.br:9781
6	8,77	portal.terra.com.br
7	6,92	chat7.terra.com.br:9781
8	**6,65**	**jbonline.terra.com.br**
9	6,13	chat8.terra.com.br:9781
10	6,03	chat9.terra.com.br:9781
11	5,79	shopping.terra.com.br
12	5,45	chat.terra.com.br
13	5,14	chat5.terra.com.br:9781
14	4,81	games.terra.com.br
15	4,21	ww1.poa.terra.com.br
16	**4,04**	**aovivo.terra.com.br**
17	3,98	pcworld.terra.com.br
18	3,42	virgula.terra.com.br
19	3,42	radio.terra.com.br
20	**3,28**	**jovempanfm.virgula.terra.com.br**
21	**3,11**	**idgnow.terra.com.br**
22	2,71	chat7.terra.com.br:9931
23	2,6	www.terra.com.br
24	2,53	outerspace.terra.com.br
25	2,44	1001cartasdeamor.terra.com.br
26	2,36	chat8.terra.com.br:9931
27	2,18	chat9.terra.com.br:9931
28	2,11	terraplus.terra.com.br
29	2,01	fotos.terra.com.br
30	**1,91**	**istoe.terra.com.br**
31	1,83	www.sao.terra.com.br
32	1,82	ww1.ptc.terra.com.br
33	1,80	ww1.sao.terra.com.br
34	1,78	excite.terra.com.br
35	**1,66**	**www.esportes.terra.com.br**
36	1,6	cadastro.terra.com.br
37	1,6	shopping.terra.com.br
38	1,51	ww1.bhz.terra.com.br
39	1,5	www.poa.terra.com.br
40	1,45	360graus.terra.com.br
41	1,43	showlivre.terra.com.br
42	1,41	acertenamosca.virgula.terra.com.br
43	1,39	ww1.cgr.terra.com.br
44	1,36	ww1.brd.terra.com.br
45	1,26	fechado.terra.com.br
46	1,25	chat5.terra.com.br:9931
47	1,21	www.sao.terra.com.br
48	1,16	ww1.cwb.terra.com.br
49	1,14	belladasemana.virgula.terra.com.br
50	1,09	ww1.cpq.terra.com.br

Fonte: Relatório do Ibope/E-Ratings de abril de 2002 – pesquisa domiciliar no Brasil.

QUINTO COLOCADO NA AUDIÊNCIA BRASILEIRA, YAHOO! BRASIL	
Consulta em tempo real – acesso por domínio	0,58% é o percentual de jornalismo
Acesso por domínio: yahoo.com.br	300,46 é a soma dos primeiros 50
Abril de 2002	1,74 é a soma do jornalismo
	298,72 é a soma sem jornalismo

Ranking	Audiência em %	Site
1	68,33	br.cade.yahoo.com
2	65,68	br.cade.busca.yahoo.com
3	34,9	br.yahoo.com
4	31,76	br.cade.dir.yahoo.com
5	23,85	geocities.yahoo.com.br
6	16,83	br.busca.yahoo.com
7	9,73	br.google.yahoo.com
8	4	br.view.greetings.yahoo.com
9	3,79	br.groups.yahoo.com
10	3,12	br.greetings.yahoo.com
11	2,83	br.empregos.yahoo.com
12	2,71	br.send.greetings.yahoo.com
13	2,37	br.address.mail.yahoo.com
14	2,03	br.geocities.yahoo.com
15	**1,74**	**br.news.yahoo.com**
16	1,54	br.search.shopping.yahoo.com
17	1,5	www.yahoo.com.br
18	1,45	br.encontros.yahoo.com
19	1,31	br.chat.yahoo.com
20	1,24	br.my.yahoo.com
21	1,19	br.f202.mail.yahoo.com
22	1,07	br.f213.mail.yahoo.com
23	1,05	br.f129.mail.yahoo.com
24	1	br.f205.mail.yahoo.com
25	0,94	br.update.companion.yahoo.com
26	0,92	br.f208.mail.yahoo.com
27	0,82	br.autos.yahoo.com
28	0,8	br.f101.mail.yahoo.com
29	0,75	br.dir.groups.yahoo.com
30	0,74	br.f206.mail.yahoo.com
31	0,67	br.cade.eletro.yahoo.com
32	0,65	br.cade.livros.yahoo.com
33	0,65	br.download.yahoo.com
34	0,64	br.f201.mail.yahoo.com
35	0,6	br.auctions.yahoo.com
36	0,59	br.address.yahoo.com
37	0,56	br.cade.dvds.yahoo.com
38	0,53	br.briefcase.yahoo.com
39	0,53	br.f143.mail.yahoo.com
40	0,53	br.photos.yahoo.com
41	0,52	br.f113.mail.yahoo.com
42	0,5	br.f149.mail.yahoo.com
43	0,46	br.profiles.yahoo.com
44	0,46	br.f203.mail.yahoo.com
45	0,45	br.cade.cds.yahoo.com
46	0,44	br.cade.info.yahoo.com
47	0,44	br.f147.mail.yahoo.com
48	0,42	br.play.yahoo.com
49	0,42	br.games.yahoo.com
50	0,41	br.f106.mail.yahoo.com

Fonte: Relatório do Ibope/E-Ratings de abril de 2002 – pesquisa domiciliar no Brasil.

JORNALISMO DE INTERNET

QUARTO COLOCADO NA AUDIÊNCIA BRASILEIRA, BOL

Consulta em tempo real – Acesso por domínio
Acesso por domínio: bol.com.br
Abril de 2002

0,11% é o percentual de jornalismo
379,24 é a soma dos primeiros 50
0,42 é a soma do jornalismo
378,82 é a soma sem jornalismo

Ranking	Audiência em %	Site
1	89,62	www.bol.com.br
2	50,88	acesso.bol.com.br
3	15,61	shopping.bol.com.br
4	14	west.bol.com.br
5	12,51	walker.bol.com.br
6	12,45	wheeler.bol.com.br
7	12,45	wien.bol.com.br
8	12,43	white.bol.com.br
9	12,41	waugh.bol.com.br
10	12,19	winock.bol.com.br
11	12	werner.bol.com.br
12	11,88	watson.bol.com.br
13	11,65	woodhouse.bol.com.br
14	11,26	wessel.bol.com.br
15	10,98	wilson.bol.com.br
16	10,63	vila.bol.com.br
17	9,62	miner.bol.com.br:8888
18	8,27	miner.bol.com.br
19	7,86	miner.bol.com.br:8000
20	7,57	tb.bol.com.br
21	6,27	acesso.bol.com.br
22	3,98	dominios.bol.com.br
23	3,58	batepapo.bol.com.br
24	3,02	chatter.bol.com.br
25	2,22	sac.bol.com.br
26	1,99	cartoes.bol.com.br
27	1,72	cacanoticias.bol.com.br
28	1,67	miner.bol.com.br:8080
29	1.44	miner.bol.com.br:8088
30	0,93	mpbol.bol.com.br
31	0,88	mdi.bol.com.br
32	0,78	dir.bol.com.br:8000
33	0,6	pitbol.bol.com.br
34	0,48	dicas.bol.com.br
35	**0,42**	**noticias.bol.com.br**
36	0,39	www.bol.com.br
37	0,37	clipping.bol.com.br
38	0,35	boletins.bol.com.br:8080
39	0,27	dominios.bol.com.br
40	0,21	multi.bol.com.br
41	0,19	batepapo0.bol.com.br:6503
42	0,18	batepapo0.bol.com.br:6051
43	0,18	batepapo0.bol.com.br:6060
44	0,13	vila.bol.com.br:8000
45	0,12	batepapo0.bol.com.br:6501
46	0,12	batepapo0.bol.com.br:6053
47	0,12	batepapo0.bol.com.br:6054
48	0,12	batepapo0.bol.com.br:6504
49	0,12	batepapo0.bol.com.br:6505
50	0,12	batepapo0.bol.com.br:6512

Fonte: Relatório do Ibope/E-Ratings de abril de 2002 – pesquisa domiciliar no Brasil.

TERCEIRO COLOCADO NA AUDIÊNCIA BRASILEIRA, GLOBO			
Consulta em tempo real – Acesso por domínio Acesso por domínio: globo.com Abril de 2002			6,03% é o percentual de jornalismo 369,32 é a soma dos primeiros 50 22,26 é a soma do jornalismo 347,06 é a soma sem jornalismo
Ranking	Audiência em %		Site
1	55,19		www.globo.com
2	18,85		bbb.globo.com
3	15,76		paparazzo.globo.com
4	15,05		redeglobo.globo.com
5	14,92		intermega.globo.com
6	14,69		charges.globo.com
7	14,65		redeglobo3.globo.com
8	14,06		webmail2.globo.com
9	13,62		webmail.globo.com
10	12,79		globonews.globo.com
11	12,71		voxcards.globo.com
12	12,39		dirce.globo.com
13	10,63		enquetes.globo.com
14	10,41		bacaninha.globo.com
15	9,78		serach.zoom.globo.com
16	9,17		redeglobo1.globo.com
17	9,12		zoom.globo.com
18	7,16		redeglobo6.globo.com
19	6,88		busca.zoom.globo.com
20	6,18		oglobo.globo.com
21	5,65		kitnet.globo.com
22	5,64		cadastro.globo.com
23	5,16		somlivre.globo.com
24	5,1		globosat.globo.com
25	4,4		radioclick.globo.com
26	3,9		psiu.globo.com
27	3,88		salasexy.globo.com
28	3,59		cassetaeplaneta.globo.com
29	3,29		epoca.globo.com
30	3,26		busca.som.livre.globo.com
31	2,85		sandyejunior.globo.com
32	2,78		portalx.globo.com
33	2,7		jogos.globo.com
34	2,66		globoshopping.globo.com
35	2,55		guruweb.globo.com
36	2,47		globoforum.globo.com
37	2,14		chat6.globo.com
38	2,09		bbbpromocao.globo.com
39	2,08		chat6.globo.com:4080
40	2,02		tilttotal.globo.com
41	2,01		mictorio.globo.com
42	2,01		www2.globo.com
43	1,94		siteseguro.globo.com
44	1,92		chat4.globo.com
45	1,76		tudoparana.globo.com
46	1,57		buttman.globo.com
47	1,53		busca1.zoom.globo.com
48	1,49		chat5.globo.com
49	1,45		chat7.globo.com
50	1,42		imodelo.globo.com

Fonte: Relatório do Ibope/E-Ratings de abril de 2002 – pesquisa domiciliar no Brasil.

SEGUNDO COLOCADO NA AUDIÊNCIA BRASILEIRA, IG		
Consulta em tempo real – acesso por domínio		7,21% é o percentual de jornalismo
Acesso por domínio: ig.com.br		331,31 é a soma dos primeiros 50
Abril de 2002		23,90 é a soma do jornalismo
		307,41 é a soma sem jornalismo
Ranking	Audiência em %	Site
1	54,63	www.ig.com.br
2	47,48	www.hpg.ig.com.br
3	26,02	hpg.ig.com.br
4	23,36	webmail.ig.com.br
5	21,85	auth.ig.com.br
6	18,92	auth.ig.com.br:8000
7	10,4	**ultimosegundo.ig.com.br**
8	10,37	auth-tlm.ig.com.br
9	10,16	www.top30.hpg.ig.com.br
10	8,43	registro.ig.com.br
11	**6,83**	**lancenet.ig.com.br**
12	**6,67**	**babado.ig.com.br**
13	6,53	www.humortadela.ig.com.br
14	6,35	farejador.ig.com.br
15	6,08	emotioncard.ig.com.br
16	6,07	www.sombrasil.ig.com.br
17	5,56	morango.ig.com.br
18	4,31	registro.ig.com.br
19	3,88	igshopping.ig.com.br
20	2,75	www.emotioncard.ig.com.br
21	2,7	fliperama.ig.com.br
22	2,53	siteb.www.hpg.ig.com.br
23	2,35	www.anasexy.hpg.ig.com.br
24	2,27	baixaki.ig.com.br
25	2,26	www3.humortadela.ig.com.br
26	2,15	penetra.ig.com.br
27	1,99	www.sexonahorizontal.hpg,i.com.br
28	1,8	chatter3.ig.com.br
29	1,73	odia.ig.com.br
30	1,71	www.ascaseiras.hpg.ig.com.br
31	1,71	farejador-2.ig.com.br
32	1,63	arvoredobem.ig.com.br
33	1,59	e-pipoca.ig.com.br
34	1,55	www2.humortadela.ig.com.br
35	1,5	grandesnegocios.ig.com.br
36	1,45	grandesnegociosig.ig.com.br
37	1,31	www.galinhasprazer.hpg.ig.com.br
38	1,28	panelinha.ig.com.br
39	1,16	www.supersexu.hpg.ig.com.br
40	1,16	chatter2.ig.com.br
41	1,02	www.sexybikini.hpg.ig.com.br
42	0,99	enquete.ig.com.br
43	0,94	www.mugenzpower.hpg.ig.com.br
44	0,92	chatter1.ig.com.br
45	0,89	radiohits.ig.com.br
46	0,87	www.multifinder.hpg.ig.com.br
47	0,83	www.guiadasgatas.hpg.ig.com.br
48	0,8	iguinho.ig.com.br
49	0,79	sombrasil.ig.com.br
50	0,78	www.lolitasafada2002.hpg.ig.com.br

Fonte: Relatório do Ibope/E-Ratings de abril de 2002 – pesquisa domiciliar no Brasil.

PRIMEIRO COLOCADO NA AUDIÊNCIA BRASILEIRA, UOL		
Consulta em tempo real – acesso por domínio Acesso por domínio: uol.com.br Abril de 2002		9,48% é o percentual de jornalismo 429,50 é a soma dos primeiros 50 40,71 é a soma do jornalismo 388,79 é a soma sem jornalismo
Ranking	Audiência em %	Site
1	81,42	www.uol.com.br
2	62,82	home.uol.com.br
3	32,69	www2.uol.com.br
4	22	batepapo.uol.com.br
5	17,07	radaruol.uol.com.br
6	15,06	zipmail.uol.com.br
7	14,81	sites.uol.com.br
8	14,21	casa.uol.com.br
9	**11,65**	**esporte.uol.com.br**
10	11,11	webmail.uol.com.br
11	10,42	email.uol.com.br
12	10,07	sexyclube.uol.com.br
13	**6,93**	**noticias.uol.com.br**
14	6,29	cgi2.uol.com.br
15	**5,77**	**www.folha.uol.com.br**
16	5,7	resultado.casa.uol.com.br
17	5,63	wm4.uol.com.br
18	5,24	wm2.uol.com.br
19	5,16	multi.uol.com.br
20	5,13	wm6.uol.com.br
21	5,06	wm5.uol.com.br
22	**4,92**	**pele.uol.com.br**
23	4,77	tb.uol.com.br
24	4,75	wm1.uol.com.br
25	**4,54**	**vejaonline.uol.com.br**
26	4,39	enquete.casa.uol.com.br
27	4,36	app.uol.com.br
28	3,88	mtv.uol.com.br
29	3,52	carsale.uol.com.br
30	**3,42**	**revistatrip.uol.com.br**
31	3,1	webmail.uol.com.br
32	3,09	shopping.uol.com.br
33	3,08	gasset.uol.com.br
34	3,01	chatter.uol.com.br
35	2,32	atrativa.uol.com.br
36	2,21	gmagazine.uol.com.br
37	**2,02**	**placaruol.uol.com.br**
38	1,72	gasset.uol.com.br:5443
39	1,51	batepapo4.uol.com.br:3952
40	**1,46**	**jovempan.uol.com.br**
41	1,46	portalcasa.abril.uol.com.br
42	1,43	batepapo4.uol.com.br:3953
43	1,35	batepapo4.uol.com.br:3951
44	1,33	cadernodigital.uol.com.br
45	1,32	grupos.uol.com.br
46	1,32	batepapo4.uol.com.br:3955
47	1,31	maplink.uol.com.br
48	1,31	dreamcam.uol.com.br
49	1,19	batepapo4.uol.com.br:3957
50	1,17	cybercook.uol.com.br

Fonte: Relatório do Ibope/E-Ratings de abril de 2002 – pesquisa domiciliar no Brasil.

JORNALISMO DE INTERNET 117

AOL TIME WARNER, NOS EUA	
Web sites por propriedade: abril de 2002	9,65% é o percentual de jornalismo
Painel domiciliar e empresarial	447,91 é a soma dos primeiros 50
Localização: Estados Unidos da América	43,21 é a soma do jornalismo
Acesso por propriedade: AOL Time Warner	404,70 é a soma sem jornalismo

Ranking	Audiência em %	Site
1	26,53	aolsearch.aol.com
2	23,17	sa.payment.aol.com
3	19,69	www.mapquest.com
4	19,68	www.aol.com
5	**18,36**	**www.cnn.com**
6	16,09	members.aol.com
7	15,3	home.netscape.com
8	14,31	aimtoday.aol.com
9	13,67	config.sa.aol.com
10	12,9	aolsvc.aol.com
11	11,35	toolbar.netscape.com
12	10,71	hometown.aol.com
13	9,5	my.screenname.aol.com
14	8,36	my.screenname.aol.com
15	7,48	webmail.aol.com
16	7,17	search.netscape.com
17	7,16	www.governmentguide.com
18	**6,73**	**money.cnn.com**
19	6,55	aolsvc.digitalcity.com
20	**5,64**	**sportsillustrated.cnn.com**
21	5,43	aim.aol.com
22	5,38	polls.aol.com
23	5,31	www.ew.com
24	4,87	absync.aol.com
25	**4,82**	**people.aol.com**
26	4,59	www.moviefone.com
27	4,34	member.compuserve.com
28	**4,23**	**www.time.com**
29	4,08	cgi.netscape.com
30	3,88	www.cartoonnetwork.com
31	3,86	messenger.netscape.com
32	3,77	aolsvc.health.webmd.aol.com
33	3,64	www.dmoz.org
34	3,5	aolsvc.travel.aol.com
35	3,44	search.hometown.aol.com
36	**3,43**	**dailynews.netscape.com**
37	3,3	search.aol.com
38	3,19	www.gotoo.com
39	2,88	my.netscape.com
40	2,86	www.aim.com
41	2,78	free.aol.com
42	2,73	www.netscape.com
43	2,58	web.icq.com
44	2,56	ureg.netscape.com
45	2,55	aolsvc.shopping.aol.com
46	2,42	aolsvc.cc.aol.com
47	2,33	www.compuserve.com
48	2,27	websearch.cs.com
49	2,25	sns.cqr.www.aol.com
50	2,24	shopping.search.aol.com

Fonte: Relatório da Nielsen/Net-Ratings de abril de 2002 – pesquisa em domicílios e escritórios nos EUA.

Em resumo, vejam um quadro com a presença do jornalismo nos principais portais do país:

A PRESENÇA DO JORNALISMO NOS PRINCIPAIS PORTAIS DO PAÍS							
Entre os 50 primeiros sites:	UOL	iG	Globo	BOL	Yahoo!	Terra	AOL/TW
Posição no ranking do 1º site jornalístico	9	7	10	35	15	8	5
Posição no ranking do 2º site jornalístico	13	11	20			16	18
Posição no ranking do 3º site jornalístico	15	12	29			20	20
Posição no ranking do 4º site jornalístico	22					21	25
Posição no ranking do 5º site jornalístico	25					30	28
Posição no ranking do 6º site jornalístico	30					35	36
Percentual de audiência jornalismo entre os 50	9,5%	7,2%	6,0%	0,1%	0,6%	4,8%	9,6%

Fonte: *Relatório do Ibope/E-Ratings de abril de 2002 – pesquisa domiciliar no Brasil – e Relatório da Nielsen/Net-Ratings de abril de 2002 – pesquisa em domicílios e escritórios nos EUA.*

Podemos concluir pelos números apresentados que *sites* de notícias não são os campeões de audiência na internet, mas obviamente têm importância estratégica para os portais e serviços *on-line*. Esse fato pode ser observado nas *home pages* dos principais portais, como Yahoo!, MSN, UOL, AOL, iG e Globo, que sempre trazem notícias jornalísticas. A importância, portanto, repito, é estratégica.

Muito bem, fui chamado aqui hoje para discutir jornalismo de internet. A primeira constatação que acho importante fazer é a de que o jornalismo, em geral, não passa de 10% da audiência dos grandes portais. O público gasta mais tempo nas salas de bate-papo, fazendo pesquisas com os instrumentos de busca, visitando *sites* considerados de conteúdo "adulto" ou comprando nos *sites* de comércio eletrônico.

Mas nosso assunto hoje é o jornalismo de internet. Esse é o tema deste debate, e vamos enfrentá-lo. Ou seja, o tema sugere que exista alguma diferença entre o jornalismo de internet e o jornalismo tradicional. Mas qual seria a diferença? Ou seja, o que é jornalismo de internet? Ou melhor, existe jornalismo de internet?

Qualquer um de vocês na platéia pode usar o bom senso e responder que "Sim, realmente existe diferença porque o jornalismo de internet é imediato, produzido em tempo real, sem limite de espaço, a internet é interativa, é universal...".

Nesse caso, eu retruco, que venham os lugares-comuns:
• Notícia de rádio também é imediata.
• Há jornais e revistas muito profundos.

- Televisão faz interação com telefone.
- Universal mesmo, só a CNN.

Nem o imediatismo nem nada disso que se fala sobre jornalismo de internet faz a diferença do jornalismo na internet. O que mais faz a diferença na internet é a nova capacidade que passamos a ter de poder buscar a notícia que se deseja, na hora em que se quer e nas fontes em que se confia.

Então, já que estamos entre profissionais da comunicação, para produzir jornalismo na internet, nada de importante muda – exceto a *forma* de sua apresentação.

Jornalismo de internet é o jornalismo de sempre: aquele que procura as diferentes verdades, apura, cruza, aprofunda informações e tem compromisso só com o leitor. Não é porque a tecnologia evoluiu que se devem abandonar os bons e velhos princípios do jornalismo. E, no final das contas, a internet abraça todas as mídias – internet é "a" mídia.

Por tudo isso, digo que não há "jornalismo de internet", apenas jornalismo.

Levante a mão, por favor, quem discordar de que o jornalismo de internet é jornalismo, ponto e basta. Nenhuma mão levantada? Obrigado.

CAIO TÚLIO COSTA, jornalista e consultor de empresas, foi diretor geral do UOL Brasil e é autor de *O Que É Anarquismo* (Brasiliense, 1980) e *O Relógio de Pascal* (Siciliano, 1991).

JORNALISMO ON-LINE
Leão Serva

Gostaria de saudar o empresário Octavio Frias de Oliveira, patrono desta cátedra, que chega ao ano de 2002, aos 89 anos de idade, confirmando duas das características mais marcantes de sua trajetória: a incansável disposição para o trabalho e o fascínio pela inovação tecnológica, o que certamente é determinante para que, entre suas empresas, incluam-se iniciativas bem-sucedidas tanto no jornalismo tradicional, em papel (caso da **Folha de S.Paulo**), como também na internet (tema deste nosso encontro de hoje), como a **Folha Online**.

O tema proposto para este colóquio é "Jornalismo de Internet". Gostaria de iniciar minha exposição dizendo que, em minha opinião, não existe o tema tal como está proposto: o jornalismo praticado na internet é o mesmo jornalismo, apenas trabalhando com outro suporte.

Ao longo dos últimos anos, tenho pessoalmente procurado incentivar uma volta à leitura do grande intelectual canadense Marshall McLuhan, já morto, que nos EUA é considerado um profeta da internet. Sua idéia mais famosa, provavelmente, é expressa na frase: "O meio é mensagem".

A partir dessa idéia do mestre, muitos têm apregoado a idéia de que o jornalismo exercido nesse novo meio (a internet) resultaria em um conteúdo necessariamente diferente: seria então um conteúdo todo novo porque exercido em um meio novo, já que "o meio é mensagem".

No entanto, eu tendo a entender que, embora as idéias de McLuhan sejam seminais, elas não devem ser levadas ao pé da letra, sob o risco de criarmos um fundamentalismo da "aldeia global".

É fatal que o uso da *web* para o jornalismo resultará em uma nova gama de usos e "mensagens". Mas é certo também que

O jornalismo tem uma autonomia em si, que se impôs no século 19 e desde então sobrevive já a uma sucessão, uma verdadeira árvore genealógica, de meios, tendo sempre mantido uma coerência em si, que respeita ditames técnicos e éticos (imparcialidade, objetividade, precisão, clareza etc.) que independem totalmente dos meios.

Talvez isso seja, então, um sinal a nos lembrar que o jornalismo é um gênero constituinte das letras e não uma espécie de atuação dentro dos meios. E, nesse sentido, erram os que analisam o jornalismo *na* internet como se ele fosse um jornalismo *de* internet. Em resumo, portanto, usando a taxionomia como paradigma, a sobrevivência do jornalismo meio após meio nos obriga a admitir que o jornalismo é um gênero (como a poesia, o teatro, o romance, a novela), e não uma espécie de procedimento dentro de um meio. Assim, o jornalismo está acima das eventuais mutações conforme o ambiente (ainda que possamos encontrar especiações em características específicas dos jornalismos *em* cada meio: no rádio, predomina o serviço; na TV, predomina o jornalismo imagético e maniqueísta; na internet atual, o jornalismo textual curto, quase só o lide clássico americano; na internet de banda larga, os grandes arquivos e o jornalismo imagético etc.).

Mas, em um mundo sedento de novidades, a internet provocou entre críticos e interessados uma reação, como se nascesse um novo gênero de jornalismo.

O jornalismo *on-line* se tornou tema de certo fascínio nos últimos anos, principalmente entre estudiosos e profissionais de comunicação, mas também entre leitores não-especializados. Ele, de alguma forma, pareceu surgir de repente, como que do nada, no final dos anos 1990, ensejando um misto de atração e repulsa (que certamente confundiam o meio, internet, com a mensagem, jornalismo).

Os mesmos sentimentos, antes, já haviam marcado o surgimento de outros meios novos, como rádio (depois dos jornais), TV (depois de rádio e jornais) e TV a cabo.

Essa reação, no entanto, desperta uma série de mitos e enganos, desde logo: 1) a impressão disseminada de que o jornalismo *on-line* existe apenas a partir da abertura da internet ao público, na década de 1990 (sendo, portanto, uma criatura nova, exposta ao caos típico das novidades); e 2) a idéia de que o jornalismo *on-line* é marcado por um apressamento da produção da notícia (muitos atribuem a essa suposta velocidade inclusive uma ameaça à qualidade da informação).

Dois enganos, como veremos. Em verdade, o jornalismo *on-line* tem uma história de mais de três décadas, o que o torna mais velho do que a CNN e as TVs inteiramente noticiosas, por exemplo; além disso, a velocidade do jornalismo *on-line* se dá em um âmbito não-jornalístico (o da publicação), sem nenhuma relação direta ou essencial com a qualidade dos procedimentos propriamente jornalísticos (como objetividade, qualidade de apuração, checagem, cruzamento de fontes etc.).

Para fim de ilustração, vejamos um pouco da história do jornalismo *on-line*.

O jornalismo *on-line* não nasceu ontem, nem mesmo surgiu com a internet tal como a conhecemos hoje. No entanto, de alguma forma, como se pode ver pela rápida história narrada a seguir, ele mantém uma relação genética com as redes de computador.

JORNALISMO E REDES DE COMPUTADOR: UMA HISTÓRIA[1]

- Em 1969, ano de nascimento da Arpanet (depois internet), o *New York Times* cria um InfoBank, com artigos de jornal.
- Em 1970, a agência de notícias Associated Press começa a transmitir notícias por computador.
- Ao longo dos anos 1970, jornais dos EUA passam a usar computadores para produzir o jornal.
- Em 1977, o *Toronto Globe and Mail* lança um banco de dados disponível comercialmente pela internet.
- Em 1980, a rede fechada Compuserve passa a distribuir notícias para seus assinantes.
- 1984: Dow Jones oferece textos integrais do *The Wall Street Journal* para acesso remoto; 15 jornais dos EUA já oferecem bancos de dados com seus artigos.

---

[1] Uso dados do livro *Manual de Estilo Web*, de Luciana Moherdaui (Senac São Paulo, 2000).

- 1992: já são 150 os jornais americanos que oferecem artigos em bancos de dados eletrônicos.
- 1993: empresas mudam sua estratégia eletrônica do videotexto para a internet.
- 1994: 60 jornais norte-americanos já têm *sites* na internet, enquanto a rede privada AOL chega a 1 milhão de assinantes. Há uma explosão de *sites* noticiosos.
- 1996: 80% das Redações de jornais do planeta já usam a internet de alguma forma.
- 1997: 2.600 mil jornais com *sites*; o número salta para 3.500 no ano seguinte;
- Em 2001, o número de jornais *on-line* na rede é estimado em 5.500.

E hoje já devem ser muitos mais.

Como se pode notar, o jornalismo *on-line* evoluiu lado a lado com as redes de computador desde o fim da década de 1960, tendo com elas uma relação de alguma forma genética.

JORNALISMO *ON-LINE*: AUDIÊNCIA ATUAL

Os dados sobre audiência de jornais tradicionais e *on-line* mostram uma grande liderança das publicações em papel, mas um crescimento consistente dos veículos *on-line*.

Segundo levantamento do Ibope, a internet brasileira tem cerca de 18 milhões de usuários ativos (usam ao menos uma vez por mês), sendo 12 milhões com acesso doméstico. Metade dos usuários da *web* diz procurar "informações" entre seus usos e costumes. Quer dizer: entre 6 milhões e 9 milhões de pessoas acessam os *sites* de notícias a cada mês.

Já a circulação de jornais impressos em 2001 foi de 7,7 milhões de exemplares/dia (de acordo com a ANJ – Associação Nacional de Jornais). Segundo a ANJ, cada exemplar de jornal é lido por 2,2 leitores em média (o que significaria cerca de 17 milhões de leitores/dia).

As métricas usadas para avaliar a internet ainda não são comparáveis diretamente com as usadas para outros meios (a *web* ainda trabalha com o conceito de visitante único/mês, que conta apenas uma vez a pessoa que visita um *site*, mesmo que várias vezes no mês; já os jornais são medidos por exemplares/dia). Mas, pelos números acima, se vê que os universos de leitores das duas formas de jornalismo já são semelhantes, embora deva haver uma sensível diferença na freqüência de leitura de um e outro, com grande vantagem para o jornalismo em papel. Ainda assim, não é nada mau para algo novo...

CREDIBILIDADE E VELOCIDADE: QUAL É O PONTO?

A velocidade de atualização de *sites* de internet é surpreendente para o público não-afeito ao jornalismo *on-line*. Para muitos, então, o jornalismo na internet estaria publicando notícias com pressa, com prejuízo para a checagem, com imprecisões que não ocorreriam no jornalismo impresso.

Isso é um engano grosseiro.

O jornalismo industrial tem uma fase de apuração, uma fase de edição e uma fase final de "publicação" (momento industrial e comercial).

O jornalista sabe de um fato ou checa fontes (apuração); depois redige uma notícia em formato para publicação (edição); então o produto de cada jornalista (textos, títulos, páginas etc.) é consolidado numa edição que em seguida, quando o editor considera que as notícias estão prontas e completas, é enviada para a área industrial.

Esse momento industrial ou "de publicação" inclui: produção de chapas, impressão e distribuição às bancas.

Esse processo completo, em jornal diário, leva de um mínimo de seis horas (para notícia de última hora, incluída em edição "fechada" à meia-noite) a um máximo de 30 horas (para notícia ocorrida em torno de meia-noite de um dia mas só incluída na edição do dia seguinte). Mas esse intervalo não é dominado pelos jornalistas, apenas pelas áreas técnicas das indústrias de jornais.

Ora, quando um jornalista ou editor de um *site* da web considera que sua notícia está pronta para publicação, ele aperta um botão e a notícia passa a um processo técnico "de publicação" que leva de algo como uma pequena fração de segundos a alguns minutos, dependendo do site e de seu software.

Portanto, a diferença de velocidade de publicação entre uma notícia de um *site* e uma notícia de um jornal pode ser de um mínimo de seis horas a um máximo de 30 horas.

É isso que faz com que versões impressas e *on-line* de uma mesma notícia, de um mesmo jornal, sofram o mesmo intervalo, ainda que mantenham os mesmos procedimentos de apuração, checagem e cuidado com a notícia.

É aí, portanto, na publicação (fato da alçada industrial ou técnica), e não no jornalismo propriamente, que incide a diferença de tempo que o leigo procura no processo de apuração da notícia.

LEÃO SERVA é diretor de jornalismo do portal iG e editor do jornal *Último Segundo* (*www.ultimosegundo.com.br*). Autor de *Jornalismo e Desinformação* (Senac São Paulo, 2001) e *Babel – a Mídia Antes do Dilúvio e nos Últimos Tempos* (Mandarim, 1997), entre outros títulos.

NA CONTRAMÃO DA INTERNET
Manoel Francisco Brito

Para quem está iniciando a leitura deste texto, vale um alerta. Ele talvez tenha muito pouco a ver com a minha fala durante o seminário sobre internet e jornalismo na Fiam, em junho do ano passado. A fita que gravou minha intervenção, a de Caio Túlio Costa e a de Leão Serva, teve problemas técnicos. No meu caso, fui obrigado a recorrer às caóticas anotações das quais em geral me valho como orientação toda vez que falo em público. Encontrei as que fiz para o seminário. Parte delas soava desconexa. Outras ainda faziam sentido. Foi nessas últimas, e na minha memória, que me apoiei para reconstituir minha participação no debate ocorrido sete meses atrás. A coisa de que melhor me lembro é que comecei pelo fim, o fim da *no.*, e a coisa seguiu mais ou menos assim...

Quem me vê aqui nesta mesa sentado ao lado do Caio Túlio e do Leão Serva e não faz a menor idéia do que é a *no.*, bem pode imaginar que ela é uma potência da internet brasileira, comparável ao UOL e iG. Longe disso. Ao contrário das empresas representadas pelos meus dois colegas, a *no.* já foi para o buraco. Ela encerrou suas operações no dia 10 de abril de 2002, quase exatos dois anos depois de ter ido pela primeira vez ao ar.

Durante esse curtíssimo tempo de vida, a *no.* nunca fez nenhuma campanha publicitária. Jamais alcançou marcas milionárias de páginas vistas nem de visitantes únicos – duas estranhas medidas empregadas para aferir audiência na internet. Nosso pico de páginas vistas alcançou a média de 1,5 milhão/mês. Quanto aos visitantes únicos, muito embora Bin Laden, em setembro de 2001, tenha nos ajudado a chegar aos 100 mil/dia, nossa média mais alta, conseguida em março de 2002, girava em torno dos 20 mil/dia.

Não são números ruins. Para sítios de internet como o que tínhamos, podem até ser considerados excelentes. Mas, em sua mais fria objetividade, mostram que a *no.* não era nenhum gigante. Pior: além de pequena, ela já naufragou. Portanto, é justo que a platéia se pergunte agora o que estou fazendo aqui nesta mesa, ao lado não só de gente grande, mas de gente que ainda está viva. Na minha opinião, o que garantiu meu lugar aqui foi menos o lado internet da *no.* e mais seu lado jornalístico.

O jornalismo praticado pela *no.* entrou pela contramão na internet. Lá pelos idos de 1999, 2000, os manuais da imprensa que dava certo na *web* brasileira rezavam que ela devia publicar textos muito curtos, com pouca informação e com a máxima freqüência possível. Era a fórmula do jornalismo em tempo real, que chegou a produzir equações que subordinavam a substância da notícia a parâmetros esotéricos como o intervalo máximo de publicação obrigatória – uns falavam em dois minutos; outros, em três – ou ao número mínimo de itens noticiosos a serem diariamente colocados no ar – tinha gente que defendia 50; outros, 70.

A *no.* apostou num conceito de jornalismo que era bem diferente desse e que, pelo menos na sua partida, não tinha nada de revolucionário. Ela reuniu um grupo de pessoas, com idade média bem acima dos 30 anos e passagens pelo velho *Jornal do Brasil* e Editora Abril, que sentiam saudades de uma publicação que revelasse mais a informação exclusiva e menos a fofoca, dedicasse tempo e dinheiro a reportagens mais profundas e cobrisse o território brasileiro como um todo, fugindo dessa ênfase que se dá a São Paulo, Rio e Brasília, e que, em vez da preocupação com o tamanho dos textos, se preocupasse apenas com o fato de que eles fossem bem escritos e capazes de contar uma história.

Num contexto em que a imprensa, com raras e honrosas exceções, se caracteriza pela falta de interesse na reportagem, pela subordinação de sua edição a balizas extrajornalísticas e pela ênfase excessiva de coberturas da vida de ricos e famosos, a *no.* provocou involuntariamente uma revolução.

Através dela, nós, jornalistas, redescobrimos o óbvio – que havia um monte de órfãos no mercado editorial, gente que não se contenta com a qualidade atual da imprensa, que não lê

Caras ou que não tem grande interesse na última declaração, mais uma, do Aécio Neves, por exemplo. E o não-óbvio: que na internet, essa plataforma em que se cantava a primazia do imediatismo e da informação fugaz, existiam leitores, gente capaz de dedicar tempo para apreciar texto e informação de melhor qualidade.

Foi atrás desse tipo de jornalismo e desse tipo de leitor que a *no.* correu durante seus dois curtos anos de vida na internet. Com razoável sucesso. Próximo do fim, tínhamos uma média de permanência de visita às páginas da *no.* de 15 minutos – um período de tempo estupendo, se se levar em conta que não oferecíamos nenhum dos tipos de serviço que costumam segurar a audiência da internet dentro de um sítio, como *e-mail* ou fotos de mulheres seminuas. Quem chegava até nós obtinha apenas notícia, opinião e ponto.

Na partida, imaginávamos que o produto editorial da *no.* deveria ter, em partes iguais, notícias e opinião. Nossa suposição era que essa segunda vertente, opinião, alicerçada em grandes nomes do colunismo brasileiro como Zuenir Ventura, Arthur Dapieve e Marcos Sá Correa, seria nosso principal atrativo de audiência. Ledo engano. Logo descobrimos que o público que visitava nossas páginas pela primeira vez vinha mais pela reportagem. Os colunistas serviam para tornar esse público fiel ao *site*.

Isso provocou uma gradativa adaptação do produto, com mais ênfase na informação. Nossos próprios colunistas também mudaram o tom de seu texto, fazendo reportagens que serviam de gancho e apoio para suas opiniões. A ênfase na reportagem nos ensinou também que nossa pauta deveria ter um caráter muito peculiar. Com uma equipe pequena – 24 jornalistas divididos entre Rio e São Paulo – e uma rede de *free-lancers* espalhados pelo país, não tínhamos meios de competir diretamente com a capacidade de cobertura da grande imprensa.

Vivíamos então de buscar assuntos diferentes, que pudessem ter um interesse nacional – como o caso do engenheiro que comprava terras no Paraná para devolver-lhes sua cobertura de plantas original – ou de achar frestas na cobertura da grande imprensa sobre determinado assunto que tivéssemos condições de preencher. Foi assim no caso dos disparos de Antonio Pimenta Neves contra sua amante, ou na cobertura do atentado contra o World Trade Center, em Nova York. Nesse último caso, contamos também com a sorte para fazer um trabalho de qualidade. Tínhamos três repórteres de férias naquele momento na cidade. Um deles valia por 20: Dorrit Harazim.

Ainda no capítulo de pauta e reportagem, a *no.* investiu muito em um tipo de cobertura que nosso leitor adorava: as reportagens sobre reportagens. Em outras palavras, se descobríamos alguma coisa relevante escrita em qualquer outro sítio de internet, preferencialmente em português, fazíamos uma matéria sobre o texto, dando ligação direta a ele e a outras referências sobre o mesmo assunto.

Nisso também não havia nenhuma grande novidade. É um trabalho que a *Seleções do Reader's Digest* faz há anos, desde o século passado, e que o UOL, durante um tempo, com Elio Gaspari, produziu na internet brasileira. A *web* é uma plataforma maravilhosa para esse tipo de informação, pois permite acesso imediato a um sem-número de ótimas fontes de reportagem no Brasil e no mundo.

Mas, para o jornalismo, ela serve para muito mais coisas do que isso. Um dos mitos sobre a internet que se difundiu no Brasil é que, pela sua natureza imediatista, de constante competição dos serviços noticiosos em tempo real, ela era um depósito de informações mal apuradas, cheias de incorreções e mal escritas. Para a *no.*, que buscava apurações exemplares e textos de primeira, a internet foi uma dádiva. Vimos, na prática, que ela serve para melhorar a qualidade da informação. A reportagem, uma vez publicada, pode ser rechecada, corrigida, melhorada, reescrita.

A *no.* chegou no fim da linha cumprindo as metas determinadas desde a época em que ela não passava de um plano. Tinha prestígio jornalístico – quesito fundamental para qualquer empreendimento desse tipo –, conseguia receita suficiente para pagar pouco mais da metade de suas contas – coisa prevista em seu plano de negócios – e mês após mês continuava a crescer sua audiência. Apesar disso, ela fechou, numa época em que, por sinal, fecharam muitas operações de internet por conta do estouro da bolha na Nasdaq, a bolsa nova-iorquina onde são negociadas as ações de empresas de tecnologia e *web*.

Não foi por causa da bolha, no entanto, que a *no*. morreu. Ela nunca foi imaginada como o clássico investimento de internet, aquele em que se colocava de pé rapidamente uma operação, tentava-se agregar audiência a qualquer preço para depois revendê-la gerando lucros imensos a seus fundadores. A *no*. começou a circular pela rede na terceira semana de abril de 2000, época em que justamente a Nasdaq começou a escorregar para o fundo do poço. Nesse contexto, a *no*. só conseguiu dar sua partida porque era, no fundo, um investimento de mídia.

O que lhe faltou para continuar vivendo foram justamente acionistas e investidores que entendessem desse tipo de empreitada. Nós somos gratíssimos a eles. Permitiram a nós uma experiência única, espetacular. No entanto, não tinham a natureza dos habituais patrões de jornalistas, gente que é mais paciente para ver um investimento desses amadurecer e que tem tanto prazer no prestígio e no poder que ele gera quanto no dinheiro que coloca em suas contas bancárias. Nossos patrões, até mesmo pela origem de seu dinheiro – fundos de investimento que exigem um retorno rápido –, foram forçados a se preocupar mais com suas contas bancárias. E nós dançamos.

Mas a internet não dançou. Ela deu certo. É bem verdade que sua viabilidade econômica ainda está longe de ser uma realidade. Cobrá-la por isso com o intuito de desqualificá-la, no entanto, me parece injusto. Ela ainda é jovem e, nos seus primórdios, jornais, TVs, rádios e cinema também lutaram e deixaram muitos mortos pelo caminho até encontrarem a forma de ganhar dinheiro. Pode-se argumentar que ela ainda atinge pouca gente no Brasil – algo em torno de 10 milhões de pessoas, menos de 10% da população –, mas eu acho que essa é a argumentação comum ao espírito de porco.

Nenhum veículo alcançou esses números em tão pouco tempo. Na faixa de brasileiros com acesso ao computador, ela é uma realidade difícil de ignorar, que compete cabeça a cabeça com os jornais e a televisão pelo tempo de atenção do público. E, para o jornalismo, no mínimo ela é um excelente canal de distribuição. Junto com as operações de comércio eletrônico ou de telecomunicações na rede, o jornalismo é uma das mais promissoras. Jornalista que ignorar a internet vai em breve trocar de mal com sua profissão.

MANOEL FRANCISCO BRITO é jornalista e foi diretor da *no*.

JORNALISMO CULTURAL

JORNALISMO CULTURAL
Marcelo Coelho

Se pensarmos em algumas modalidades básicas do texto jornalístico – o texto de reportagem, o texto de serviço, o texto de opinião –, parece-me claro que no jornalismo cultural não há muita dificuldade em definir o que seriam as áreas de serviço e de opinião. Podemos, sem dúvida, pensar num bom ou mau guia de espetáculos em cartaz, numa crítica boa ou má, mas as diferenças que existem entre essas modalidades, e as tarefas que respectivamente lhes cabem, são algo que em tese está claramente estabelecido no jornalismo cultural.

O aspecto mais problemático do jornalismo cultural me parece ser a notícia, a reportagem, a entrevista; e a falha que mais me chama a atenção nos cadernos culturais, nas revistas, é a precariedade com que se discutem os critérios pelos quais se decide noticiar ou não determinado assunto.

Pois, se excetuarmos os casos mais óbvios – a morte de Jorge Amado, os cem anos de Drummond, a premiação do Nobel ou o Oscar –, não há muito critério para estabelecer o que noticiar ou não numa primeira página de um caderno cultural. Ou melhor, há critérios demais. Não se está pensando especificamente no que é jornalístico ou no que é importante "em si" – uma eleição presidencial, um bombardeio –, pois a notícia, mais do que nunca, está impregnada de valor, havendo possibilidades de escolha muito amplas para a pauta de cada dia num caderno cultural.

Tenta-se resolver isso de várias maneiras, mas de modo geral as coisas se encaminham para duas soluções alternativas, que são os critérios do prestígio e do mercado.

Presume-se, por exemplo, que na sexta-feira deve haver uma série de estréias de cinema; qual delas privilegiar? Nos cadernos culturais brasileiros, a escolha tem sido, invariavelmente, a de destacar o filme que terá mais bilheteria, o *blockbuster*. Pois, em tese, um filme que será visto por 100 mil pessoas interessa mais do que o filme que será visto por 2 mil.

Essa "objetividade" é muito mais questionável, entretanto, do que qualquer outra das questionáveis "objetividades jornalísticas". Primeiro, porque não está nada claro que o grande público que vá ver um *blockbuster* esteja interessado em ler sobre um *blockbuster*.

Ainda mais – e este é o segundo ponto – quando o que se tem a ler sobre o *blockbuster* se confunde muito mais com o serviço e com a propaganda do que com algum tipo de matéria crítica ou jornalística. Ou seja, não é só na escolha do tema, mas é também no tratamento do tema, que o mercado prevalece e impõe sua norma. Isso é típico nas edições de sexta-feira: vemos entrevista com o atorzinho de tal filme falando como foi legal trabalhar com a atrizinha do mesmo filme e ambos falando como o diretor do filme é uma pessoa divertida... Acaba sendo engraçado ver como o crítico de cinema – em geral, uma pessoa que não gosta ou se cansou de ver pela milésima vez o mesmo *blockbuster* – acaba relegado a um quadradinho, de onde ele costuma reclamar da bobagem que é o filme que o próprio jornal está celebrando e lançando com estrépito.

Muitas vezes há subsoluções paralelas a isso: noticia-se, por exemplo, que tal estréia já arrecadou não sei quantos milhões de dólares – ou que foram gastos não sei quantos outros milhões de dólares para fazê-lo. O que poderia ser mais adequado ao *blockbuster*, à *Gazeta Mercantil*, mas não sei por que fica sendo uma das principais preocupações do jornalismo cultural hoje em dia. Outra solução paralela é apelar para uma espécie de ultrademagogia, ultrapopulismo: o caderno cultural "finge" que adora, cai de boca na cretinice do momento, quase fazendo uma imitação, um ventriloquismo, do público *teen* ao qual pretende se dirigir.

Entramos com isso num outro problema, que é o do público. Parece-me que o jornalismo cultural – os cadernos de cultura dos principais jornais – cada dia aposta num público diferente e acaba sofrendo com uma heterogeneidade enorme nas suas pautas, na sua própria identidade. O "Mais!" e o "Caderno 2" do *Estado* de domingo, seguindo o modelo de um suplemento cultural, não sentem tão claramente esse problema. Mas há, por assim dizer, uma balcanização, uma especialização total dos cadernos culturais no dia-a-dia, o que não ocorre em nenhuma outra parte do jornal. Pois, se eu estou lendo o caderno de política, posso detestar o Maluf e gostar do PT, ou vice-versa, mas a notícia em si, sobre qualquer um dos dois, me interessa igualmente. Aqui, no jornalismo cultural, o leitor se especializa totalmente, e quem gosta de *grunge* não tem nada a ler, na página seguinte, ou do lado, sobre o balé municipal, imagino eu. A questão não é de ecletismo ou não, é de legibilidade.

O lado do "prestígio", que eu estava mencionando como critério alternativo ao do mercado, acaba sendo de fato a outra face da mesma moeda. Tende a ficar na situação paradoxal de ser uma propaganda daquilo que não é vendável – aliás, é esse o meio que se encontra para mexer "institucionalmente" com cultura: vive-se o dilema entre patrocínio e bilheteria, afinal.

Nesse caso, o mais comum então é tomar-se uma grande exposição de arte, um festival de cinema japonês, qualquer outra coisa prestigiosa nesse gênero, noticiá-la mecanicamente, como serviço, sem a euforia crispada que é a do jornal quando trata de mercado, mas de qualquer modo como agenda, como listão de atrações.

O que eu quero dizer, nesse aspecto, é que tanto no caso dos produtos da cultura de massa quanto nos grandes momentos de cultura erudita que o jornalismo cultural tenta cobrir há muito pouco o que *ler* além do "guia", porque não há muita coisa sobre o que *pensar*. Dou um exemplo. Eu não gosto de ouvir rock, mas poderia haver uma matéria que eu gostasse de ler sobre rock – são coisas totalmente diferentes – mostrando que, digamos, está havendo uma modificação qualquer na tendência tal do rock e que essa modificação reflete determinados fenômenos contemporâneos... Mas coisas desse tipo o jornal não costuma trazer. O texto do jornalismo cultural está me expulsando para fora dele (é o que faz o propaganda, aliás) – vá ver isto, não vá ver aquilo, começou isto, começou aquilo. Mas não traz discussão.

Não acho que esteja pedindo nada de mirabolante, nem em discussão nem em informação, aliás. Cito um minúsculo exemplo – a revista *Bravo!*. Cada seção do tipo teatro, cinema, livros etc. traz uma página dupla de abertura, com colunas, dizendo o que, quando, quanto, onde etc., mas tem uma colunazinha dizendo "Preste atenção" – idealmente, poderíamos imaginar um crítico que dissesse: preste atenção na maneira com que a atriz tal do filme modifica seu tom de voz ao longo daquela cena, ou no uso que tal pintor fez da tinta preta, por exemplo... Mesmo um "manual de instruções", por mais modesto que isso seja, termina sendo fato raro no jornal.

Eu não gosto nem um pouco da posição de ser um reclamador do jornalismo cultural. Acho que essa atitude faz parte até do próprio jornalismo cultural, correndo o risco de virar cacoete, o que eu gostaria de evitar. Mas considero básico levantar essa questão num curso sobre jornalismo. Note-se que o que estou propondo é apenas uma extensão da atividade do crítico ao mundo do serviço, da agenda. Não estou discutindo nada de muito decisivo com relação ao que deve ser a crítica ou o jornalismo, no que diz respeito à descoberta de novos valores ou de tomada real de partido quanto às coisas que já existem. Esses seriam aspectos de que o jornalismo cultural idealmente deveria se encarregar também, quem sabe de um ponto de vista até mais doutrinário, mas nem é esse o caso do que estou discutindo neste momento. Tampouco estou abordando a questão de se o jornalismo cultural hoje está conseguindo cobrir, informar, só o que está em cartaz em São Paulo – há visíveis limitações de espaço, há uma gigantesca oferta de livros novos, peças etc. de que nem os críticos conseguem dar conta. Justamente por não conseguir dar conta de tudo é que fico por aqui.

MARCELO COELHO é membro do Conselho Editorial da **Folha de S.Paulo** e professor de jornalismo cultural na Faculdade Cásper Líbero. Autor de *Montaigne* (série "Folha Explica", Publifolha, 2001) e *Trivial Variado* (Revan, 1997), entre outros livros.

O GRANDE EDITOR
Matinas Suzuki Jr.

Em primeiro lugar, eu gostaria de agradecer o convite da Cátedra de Jornalismo Octavio Frias de Oliveira, que me honra muito. Como suponho que a maior parte dos presentes seja de estudantes de jornalismo, espero que a maioria possa passar pela mesma experiência por que eu passei no início da minha carreira profissional. Tomara que vocês tenham a oportunidade de trabalhar com um *publisher* que os estimule e que transmita a vocês um imenso repertório de conhecimentos, na mesma intensidade com a qual Octavio Frias de Oliveira contemplou a mim e à minha geração de então jovens jornalistas.

Peço licença para aproveitar a ocasião e fazer uma injustamente breve homenagem ao "seu Frias", como o chamamos no dia-a-dia: sem nunca ter se formado em uma universidade e sem nunca ter abandonado seu raro talento empresarial, ele, no entanto, foi um dos maiores incentivadores da vida cultural no jornal. Se a cultura brasileira teve algo a ganhar com a **Folha de S.Paulo** – e certamente teve –, existe muito do entusiasmo do seu Frias nessa história. Ele abriu as páginas e as portas do jornal para intelectuais e artistas e teve coragem para desafiar censores, preconceitos e conservadorismos morais e culturais. Em alguns momentos, a **Folha** esteve inclusive na vanguarda da produção cultural brasileira (voltarei a esse ponto daqui a pouco).

Esta noite seria insuficiente para eu dar meu testemunho pessoal do quanto o seu Frias "bancou" – no duplo sentido, material e psicológico – as páginas e as atividades culturais do jornal. Vou contar apenas um episódio. Não o mais importante, mas um que serve para ancorar as palavras em algo concreto. No início do primeiro governo pós-militar, o filme *Je Vous Salue,*

Marie, do diretor franco-suíço Jean-Luc Godard, foi censurado. A situação era muito esquisita. O país havia mergulhado na abertura, mas o primeiro presidente civil depois de muitos anos, José Sarney, mandara engavetar o filme, atendendo a pressões da Igreja Católica. A chamada Nova República havia constituído uma comissão de intelectuais e artistas com o objetivo de rever a censura, e ela mesma, a República renascida, reabilitava a tesoura contra as manifestações artísticas. O Otavio Frias Filho, ainda no início da sua gestão como diretor de Redação do jornal, teve a idéia de passar o filme na **Folha**. Para muitos, parecia uma provocação barata, no pontapé inicial do novo regime. Para outros, um desrespeito à Igreja, que teve papel fundamental na reconstrução da democracia no país. Para Otavio, uma manifestação de fé integral do jornal na liberdade de criação artística. O seu Frias não titubeou: bancou a projeção do filme de Godard no auditório do jornal.

Acredito que fui convidado a participar desta mesa pelas minhas atividades em um passado já distante. Estou fora do dia-a-dia do jornalismo cultural há muitos anos. Felizmente, vocês têm aqui o Marcelo Coelho e o Daniel Piza, que continuam militando nas páginas culturais dos nossos principais jornais e poderão dizer coisas mais atualizadas sobre a questão.

Na minha visão, não se pode pensar em um jornalismo cultural, mas sim em múltiplas formas de fazer jornalismo cultural. Do jornalismo literário do início da imprensa aos fanzines e *flyers* das diversas tribos urbanas de hoje, passando pelos *web sites* de cultura na internet, há um amplo espectro a ser considerado.

Os diversos tipos de jornalismo cultural não podem ser analisados fora do contexto em que foram criados e que, reciprocamente, ajudaram a criar. A grande geração de escritores e de professores de humanidades e literatura de São Paulo, do modernismo aos anos 50 do século passado, tinha seu encontro semanal no "Suplemento Literário" do *Estadão*. Ele teve editores do tamanho de um Sérgio Milliet ou de um Decio de Almeida Prado. Anos mais tarde, o *Jornal da Tarde* trouxe o conceito de serviço ou roteiro de atividades artísticas e culturais, no momento em que a cidade de São Paulo ampliava consideravelmente sua oferta de eventos. O *JT* fazia, meio século depois, o que a revista *The New Yorker* inaugurou, em Nova York, nos anos 1920, baseada na idéia de que o cidadão que mora em uma metrópole quer se sentir como alguém diferente – e uma dessas diferenças é a quantidade de opções de lazer e cultura que tem à sua disposição.

Um dos mais importantes momentos culturais do Brasil, vivido no Rio de Janeiro do neoconcretismo, da Bossa Nova e do Cinema Novo, encontrou ressonância no "Caderno B" do *Jornal do Brasil* – o principal responsável pelo desenvolvimento da percepção no país de que um jornal só seria completo se tivesse um caderno separado de cultura diariamente. A turbulência e a inquietação dos anos 1960 viram nascer publicações como a revista *Rolling Stone*, nos EUA, e o *Pasquim*, no Brasil. Há uma tendência equivocada em lembrar do *Pasquim* como um jornal de humor. O *Pasquim* de Millôr, Jaguar, Ziraldo, Henfil e outros tinha no humor uma de suas características, mas ele era também um jornal de dicas e informações culturais em um tempo em que elas eram preciosas, de reflexão, de expressão de uma atitude liberada e inovadora (a chamada ipanemia, que Caetano Veloso, no próprio *Pasquim*, classificou como uma "doença fértil"). O *Pasquim* também foi o pai da chamada imprensa alternativa ou nanica, fenômeno que marcaria o jornalismo quase clandestino que se faria nos anos 1970, no Brasil.

Pode-se dizer que a "Folha Ilustrada" (era assim que era conhecida) dos anos 1980 herdou um pouco de todas essas fórmulas jornalísticas anteriores. Elas formaram um caldo que tentava criar um molho para os novos tempos. Por um lado, a censura estava acabando. Com ela, desaparecia um dos motos da produção cultural dos anos militares. Por outro, o mercado e a indústria passavam a fechar o cerco da produção cultural: aumentava o número de filmes em cartaz nas grandes cidades, nasciam novas casas de shows e galerias de arte, a indústria do livro se modernizava no país. A produção cultural, até então, em boa parte, dependente do Estado, passava para a esfera da produção privada. O Muro de Berlim estava caindo. O gosto do público se dispersava, fragmentava. O mundo ficava pequeno: Londres, Nova York e Tóquio estavam mais perto.

Sem uma fórmula jornalística acabada, a grande sacada da "FI" foi a de aceitar o papel de se tornar o espelho de uma época em movimento. Junto com o processo de modernização da confecção do jornal – profissionalização da redação, informatização da produção e projeto gráfico alinhado com as tendências do *design* internacional –, o suplemento de artes e espetáculos da **Folha** incorporou à sua pauta o agudo processo de mudanças na produção e nos hábitos culturais. Nesse sentido, como dissemos anteriormente, a "Ilustrada" passou a ser não só um veículo, mas também um interlocutor ativo no processo cultural.

Quase 20 depois, a vida cultural e o jornalismo mudaram bastante. O processo de segmentação, de tribalização artística e comportamental, se acentuou muito, em uma rotina atordoante: quanto menos tempo para ler, mais atividades artísticas e culturais de natureza diferentes para noticiar. O mundo conspira contra o ciclo econômico de produção de um jornal. O papel e a distribuição do jornal são cada vez mais caros. Talvez a multiplicidade em dispersão das manifestações artísticas de hoje encontre seu espelho mais perfeito no mundo ultrafragmentado da internet.

Ao jornalismo cultural de papel, como em certo sentido o Marcelo Coelho falou aqui, restaria a função de uma espécie de "grande editor" do mundo, já que é impossível acompanhar tudo: caberia a ele priorizar e hierarquizar as manifestações artísticas mais importantes, identificar tendências, analisar fenômenos de grande interesse do público. E, sobretudo, retomar a tradição de grande criatividade e de coragem de ousar no contrafluxo do *status quo* artístico, que sempre caracterizou o melhor da tradição do jornalismo cultural brasileiro.

MATINAS SUZUKI JR., jornalista, trabalhou na **Folha** de 1981 a 1997 e é co-presidente do iG.

A TERCEIRA MARGEM DO JORNALISMO CULTURAL
Daniel Piza

O jornalismo cultural brasileiro sofre de alguns males, mas há um que sintetiza especialmente os outros: a polarização. Essa polarização se reflete, em termos materiais, no incrível hiato existente entre os cadernos diários, ditos "de variedades" ou "de artes e espetáculos", e os suplementos literários e/ou dominicais. Naqueles, são os jornalistas que escrevem textos em geral curtos e superficiais. Nestes, são em geral os acadêmicos que escrevem textos pesados e pouco acessíveis. Essa polarização vem se acentuando com o tempo, apesar de exceções em ambos os pólos. Os cadernos diários estão cada vez mais presos à agenda do mercado, ao *press release*, e os suplementos semanais estão entregues à agenda das universidades, às teorizações.

Esse hiato é nocivo em vários aspectos, mas cito um exemplo recente. Quando foi anunciado que Paulo Coelho ingressou na Academia Brasileira de Letras, a reação foi a esperada: de um lado, aqueles que acham que o sucesso de vendas do autor no mundo inteiro já é indicação de alta qualidade literária e, pois, razão mais que suficiente para sua admissão pela ABL; do outro, aqueles que acham que o que ele faz é subliteratura e, pois, o descredencia a pertencer à entidade. Como em tantas outras polêmicas no Brasil – tão simplistas, esquemáticas –, o que ficou sem ser dito está a meio caminho, sem estar em cima do muro: a ABL nem sempre se pautou por critérios de qualidade literária para a eleição de seus membros, e Coelho, com certeza, tem mais mérito como autor do que muitos dos que lá estão.

Não raro esse tipo de discussão se repete no Brasil. O tom é sempre o mesmo: o velho confronto entre os que defendem a Cultura e a Arte com maiúsculas, como se fossem privilégio de eleitos, e os que as desprezam como chatices que pouco interessam à juventude ou ao tal "leitor médio", que só gostariam daquilo que se convencionou chamar de entretenimento. Em outras palavras, é o velho conflito entre elitismo e populismo, no qual o último vem conquistando maior hegemonia à medida que os textos longos e os assuntos intelectuais são escanteados pelas publicações. As duas posições, como de costume, têm algo muito forte em comum: o preconceito.

O preconceito dos elitistas diz respeito ao mercado. A premissa de que partem é a de que aquilo que faz sucesso não é bom – de que qualquer coisa que tente mais "entreter" que "ensinar" não tem muita qualidade. A idéia de qualidade, para eles, é associada ou a uma extrema elaboração formal (para algumas correntes, apenas o "experimentalismo" justifica a criação artística) ou à tal profundidade de conteúdo (uma preocupação grave, sombria, desprovida de humor e leveza, a respeito do destino da humanidade). É comum que todo um veículo – a TV, sobretudo – seja descartado *in limine*, como incapaz, por sua própria natureza, de ir além do fútil e descartável.

O preconceito dos populistas, claro, é o inverso. Qualquer coisa que não seja pop, ou seja, que não saia pulando na direção do público e lhe atenda todos os gostos, com muitas cores e sons – espetaculosamente, em suma –, não merece destaque. Se uma obra de arte ou de pensamento for um pouco mais exigente, um pouco menos convencional no que diz e na maneira com que diz, jamais atingirá o público. O que importa é o que está na moda, o que já vem tendo grandes vendas mundo afora ou já as tem garantidas por algum motivo prévio. Novamente, é comum que toda uma linguagem – a chamada música "erudita", por exemplo – seja tida *a priori* como desinteressante.

Outro exemplo desses preconceitos foi visto quando o Museu de Arte de São Paulo organizou, há alguns anos, uma exposição dos anos finais de Monet. A exposição tinha um corte interessante (a pintura dos últimos anos de Monet foi muito influente sobre certa linhagem da arte moderna, aquela que foi dar num Jackson Pollock) e algumas obras de primeira linha do pintor. Só que foi anunciada como uma megamostra que dividiria as pessoas entre as que viram e as que não viram. Professores vieram aos jornais protestar, com justiça, contra os excessos do marketing. Mas menosprezaram a exposição, como se não valesse a pena entrar ali, como se só tivesse trabalhos fracos e pouco representativos do grande Monet. Enquanto isso, populistas a defenderam porque era um enorme sucesso de público, sem notar a discrepância entre valor verdadeiro e valor atribuído.

Há mais polarizações embutidas nessa questão. Por exemplo, entre nacionalismo e internacionalismo. Para muitos, há uma identificação entre o popular e o nacional; para outros, a contracultura derrubou essa associação ao tornar internacionalmente popular um gênero como o rock. O jornalismo cultural brasileiro, assim, oscila entre períodos em que parece que tudo que vem de fora é bom (como nos anos 1980, quando os cadernos culturais diários dos grandes jornais foram criados) e outros em que parece que o artista brasileiro merece condescendência prévia por ser brasileiro (como nos primeiros anos do ressurgimento do cinema nacional, pós-1994). Não é necessário se estender sobre esse ponto para perceber sua frouxidão.

Quais os custos reais dessas polarizações? O jornalismo cultural, em uma frase, está mais distante do leitor do que pensa estar. Ao se colocar na maior parte do tempo como uma espécie de roteiro de eventos, reservando o debate para o academicismo, ele se furta à sua maior tarefa: a de orientar criticamente os leitores, a de fornecer instrumentos para que eles selecionem o que ler, ver e ouvir. Essa orientação pode se dar por muitas formas, mas a principal delas vem sendo reduzida e desvalorizada: a crítica. Enquanto as Redações supõem que os leitores não querem ler análises e comentários, eles sofrem a angústia crescente de não ter pontos de referência. O grande exilado do jornalismo cultural brasileiro é a figura do crítico, que sabe escrever para o público em geral e manter a consistência da opinião especializada.

Isso não ocorre por uma falta de tradição local. Desde o século 19, o jornalismo brasileiro tem produzido críticos das mais variadas artes que desempenharam papel muito importante no debate de idéias e no curso da própria história da arte. Machado de Assis, por exemplo, começou a carreira como crítico de teatro, assim como, um século depois, Paulo Francis. Mário de Andrade foi tão influente na cultura brasileira em sua atividade como crítico de música quanto como autor de *Macunaíma*. A tradição do rodapé literário inclui nomes como Augusto Meyer, Alvaro Lins e Antonio Candido. O cinema teve de Paulo Emilio Salles Gomes a Sergio Augusto, passando por José Lino Grunewald. Revistas de resenhas e artigos como *Klaxon*, *Clima* ou *Senhor* marcaram época. E um ensaísta enciclopédico como Otto Maria Carpeaux se tornou sinônimo dessa mesma falta de referências.

O que se tem hoje é uma crítica de fôlego curto, sem grandes nomes, feita muito mais à base de achismos e clichês do que à base de perspectivas históricas e opiniões fundamentadas. Normalmente ela vem num canto da página, contraposta a um texto muito maior em que aquele mesmo acontecimento cultural é anunciado; não tem mais de 30 linhas e se limita a resumir a obra e emitir adjetivos de aprovação ou desaprovação. É uma crítica excessivamente impressionista, centrando fogo no "eu gosto/eu não gosto", e, pior, que fala para tribos. O crítico de música pop, por exemplo, usa a mesma terminologia e tem o mesmo tipo de postura diante dos discos que os fãs daquele segmento: sua opinião não difere da de um fã, exceto talvez pelo acúmulo de informações que a própria experiência profissional lhe dá. Idem para o crítico de artes plásticas: o jargão é o daquele "meio", e ai do leitor que não estiver – como se diz – antenado com os nomes e gírias mais recentes.

Essa multiplicação de vozes tribais, de guetos, é a expressão mais triste das polarizações referidas. Acompanhando uma tendência que é a de toda a chamada "indústria cultural", o jornalismo se rendeu a essa segmentação, a essa balcanização de códigos que são antes comportamentais que estéticos. O crítico parece vender um estilo de vida, mais que defender um estilo de arte. Não à toa, quando você encontra, por exemplo, um que escreve sobre rap, funk etc., ele se veste como um rapper ou fã de rap. E essa setorização é particularmente ruim, porque a crítica nasceu justamente com a função humanista de levar e levantar questões para o público inteligente, não de ratificar modos de ser de uma turma contra a outra. O que mostra outro paradoxo: o mesmo jornalismo populista que diz estar interessado em atender ao leitor médio, não-erudito, atende apenas a grupos de leitores – grupos que parecem cada vez mais fechados e mais numerosos.

Mas não é só a crítica que recebe tratamento precário do jornalismo cultural brasileiro atual. O que ocorre é um empobrecimento técnico crescente, em que diversos gêneros deixam de ser praticados como poderiam. Só se encontram três tipos de texto, além dos boxes críticos: a reportagem factual, a entrevista pingue-pongue e a coluna assinada. A primeira tende a ser uma matéria de apresentação, que descreve uma grande estréia ou algo semelhante, ou no máximo a exposição de pontos de vista sobre alguma questão setorial – por exemplo, a criação de um museu Guggenheim no Rio. A segunda tende a ser um "levantar-de-bola" para o entrevistado, em geral alguma estrela do cinema ou da música que mal consegue disfarçar o tédio de estar dando a mesma entrevista pela enésima vez. E a terceira tende a ser ou a crônica "leve", que não toca em assuntos difíceis ou complexos, ou o artigo de opinião, que na verdade não passa de uma resenha de filme ou livro ou disco enquadrada como uma coluna. Isso para não falar dessa mania crescente de entregar colunas a gente famosa, cuja qualidade de texto é secundária.

Escasseiam diversos gêneros importantes para o jornalismo cultural. O perfil, por exemplo. No Brasil ele raramente é feito e, quando é, costuma ser laudatório, uma seqüência de abre-aspas para o entrevistado, ou então cheio de "indiretas" maledicentes, que reduzem o trabalho do perfilado a uma caricatura. Mas todas as grandes publicações culturais têm no perfil um de seus gêneros mais fortes, por sua faculdade de mostrar como é e o que pensa aquele determinado personagem das artes ou do pensamento. Também é raro ler uma reportagem interpretativa, em que haja olhar pessoal do autor, mas livre de editorializações. No entanto, muitas das reportagens que melhor sobrevivem aos tempos estão nessa categoria, como *Hiroshima*, de John Hersey.[1] O problema do perfil e da reportagem cultural no Brasil é o mesmo: a suposição vigente no jornalismo nacional de

---

[1] Publicado originariamente na revista *The New Yorker* de agosto de 1946 e editado no Brasil em 2002 pela Companhia das Letras.

que o repórter é 100% neutro diante do que descreve, de que só cabe a ele relatar imparcialmente o que viu, como se na mera hierarquia de informações de seu texto ou nas opções de título e foto já não existisse um caráter interpretativo. O problema que ocorre tem a ver com outra fórmula polarizada: a oposição entre compreender e julgar. O que predomina na mentalidade das Redações brasileiras é um medo ou uma timidez quanto à segunda função, a qual, naturalmente, tem importância ainda maior no jornalismo cultural. Por isso mesmo, quando se trata de julgar, o que costuma surgir é o argumento de autoridade, a opinião como palpite definitivo, a *overdose* de adjetivos classificatórios. Mas compreender e julgar são dois processos interligados. O bom jornalista tem de primeiro buscar compreender o fato ou o objeto diante de si, mas, como para isso trabalha com seu repertório e suas inclinações, depois tem de desenvolver uma consciência crítica a respeito dele, destacando suas implicações éticas e históricas. Especialmente, o crítico que não chega a um ponto de vista incisivo e nítido sobre uma obra é tão incompleto quanto o que dispensa a observação de sua estrutura e seus propósitos.

Mais ainda, todas essas polarizações (erudito x popular, jornalismo x universidade, nacional x internacional, crítica x reportagem) têm origem num equívoco único: o de supor que o leitor é um ente imutável e predefinido, ao qual só há um caminho para chegar, ou o professoral ou o servil. O leitor é ou alguém ao qual se deve ensinar algo, ou alguém que já sabe o que quer e só precisa saber se "vale a pena" adquirir aquilo ou não. Trata-se de uma visão da cultura como ou nobre ou plebéia, como se seu fim fosse ou edificante ou consumista apenas. Uma visão que esquece o que na Roma antiga já se dizia: que a cultura serve para *docere et delectare* – para fazer pensar e dar prazer ao mesmo tempo. E há variadas doses de combinação nisso.

Quando se separam as obras de arte e de idéias entre cultura e entretenimento, corre-se o risco de ignorar alguns fatos básicos da história. Se pensamos na dança de um Fred Astaire, por exemplo, podemos dizer que ela é um produto de entretenimento, pelo que contém de leveza e graça, ou pelo que não contém de argumentação filosófica ou proposta social e moral.

Mas, para usar uma *boutade*, o bom entretenimento de ontem é a cultura de hoje: continuamos a nos encantar pela dança completamente fora de moda de Astaire, justamente porque aquela leveza e aquela graça, fundamentadas em uma técnica passada de geração em geração, se tornaram o símbolo de toda uma era e seus valores. Um produto eminentemente cultural, em suma. Por mais que sua intenção tenha sido a de divertir, ela é tão consistente que se tornou uma lição.

O leitor é o parâmetro final da atividade jornalística, por certo. Mas ela não consiste em apenas ratificar – ou, na verdade, tentar adivinhar – seus gostos e juízos. Também deve provocá-los, às vezes até mesmo desafiá-los, e não raro o leitor saberá ser grato a isso. O bom leitor sabe que não precisa concordar totalmente com um autor para admirar seu trabalho, assim como sabe que, embora nenhum texto de jornal vá eliminar toda a sua ignorância sobre um assunto, pode ser seduzido pelas frentes de contato que o autor abrir para ele. E aqui chegamos a mais uma polarização rasteira: formação x informação. Não existe informar sem formar, assim como a formação não pode ignorar as informações que a atualizam ou até corrigem. O texto tem de convidar o leitor para dentro de um assunto, não lhe dar apenas a fachada ou lhe bater à porta. Dependendo um pouco do veículo onde está, o jornalista usará doses maiores e menores de conceitos e explicações, mas em nenhum momento deve acreditar em substituir ou pressupor a educação.

É por tudo isso que, para finalizar, é preciso anotar que a expressão "jornalismo cultural" é meio enganosa. É verdade que há uma especificidade muito grande no jornalismo que cobre as artes, os livros, as tendências comportamentais etc. A opinião – do autor do texto ou das pessoas de quem o texto trata – tem peso maior do que nos outros, em que ela pode e deve ser mais isolada das reportagens noticiosas, do chamado *hard news*. O crítico, o colunista e o repórter interpretativo têm participação mais orgânica numa seção cultural do que na política, na policial ou na econômica. Ao mesmo tempo, um olhar cultural pode aparecer em todos os temas, até porque todos os temas aparecem no jornalismo cultural. (Onde costuma sair, digamos, a resenha de um livro como o citado *Hiroshima*? Num caderno cultural. Não na seção internacional ou na política.) Nelson Rodrigues, por exemplo, se tornou um grande cronista esportivo porque, ao contrário do setorista tradicional, tinha uma atenção maior para os dramas psicológicos e para o contexto social envolvidos num simples jogo de futebol.

O jornalismo cultural brasileiro só vai vencer todo esse jogo de oposições absolutas quando se der conta de sua riqueza, importância e atratividade. Os segundos cadernos normalmente são os mais lidos de um jornal, e não apenas por causa de horóscopos e quadrinhos. Há uma demanda cada vez maior por visões perspicazes do mundo em que vivemos, dos valores que se tornam hegemônicos, das formas de escolha numa realidade que mais e mais obriga os cidadãos a fazer escolhas. O que é realmente inovador e duradouro é raro, mas tem uma força que também é rara. Só quando o jornalismo cultural descobrir sua terceira margem, as infinitas possibilidades que estão a meio caminho entre as dicotomias, é que vai deixar de estar a reboque de niilismos e modismos. E recuperar seu lugar na própria cultura.

DANIEL PIZA é jornalista, colunista cultural de *O Estado de S. Paulo* e autor, entre outros livros, de *Questão de Gosto – Ensaios e Resenhas* (Record, 2000).

JORNALISMO E PESQUISA DE OPINIÃO

LEITURA E INTERPRETAÇÃO DE PESQUISA
Orjan Olsen

A PESQUISA NO CONTEXTO DA CAMPANHA

Nas campanhas eleitorais, a face mais visível da pesquisa é o resultado da pergunta de intenção de voto, feita mostrando-se ao entrevistado um disco com os nomes dos candidatos e pedindo-se que diga em quem votaria se as eleições fossem realizadas naquele dia. Esse resultado é colocado como um retrato de momento (do dia da pesquisa), sujeito a modificações em razão de novos eventos, estratégias de campanha, realinhamentos políticos etc.

A visão é simplista: na realidade, essa intenção de voto manifesta o resultado de toda uma história política do indivíduo, de sua inserção social, de sua exposição à imprensa, de sua percepção dos efeitos da ação política e administrativa do governo sobre sua situação de vida e sobre a situação e as perspectivas futuras do país. O quadro de referência que resulta em uma expressão de voto, firme ou transitória, raramente é mostrado ao público na divulgação da pesquisa, seja por razões de custo de levantamentos mais aprofundados, seja por restrições de tempo e espaço dos veículos, seja por decisões editoriais.

Se o percentual de votos que um candidato tem em determinado momento é influenciado, em parte, pelo processo político, por ações de campanha e pela cobertura da imprensa, a divulgação desse resultado também influencia fortemente esse mesmo processo, a campanha e o comportamento da imprensa. Quem convive mais de perto com as campanhas sabe da amplitude e profundidade do impacto da divulgação de resultados favoráveis e desfavoráveis no processo eleitoral como um todo. Aqui vão alguns exemplos de efeitos possíveis:

PAPEL DA PESQUISA NA CAMPANHA

- Balão de ensaio para testar candidaturas.
- Instrumento para "queimar" candidaturas.
- Instrumento para lançar candidaturas (proximidade entre eventos e pesquisas para maximizar efeitos).
- Influência sobre alianças políticas.
- Influência sobre coleta de fundos.
- Efeito sobre a militância e a equipe de campanha.
- Efeito sobre a atenção do eleitorado aos candidatos.
- Efeito sobre a cobertura dos candidatos pela imprensa.
- Instrumento de decisão estratégica consciente para o eleitor.
- Efeito sobre mercados e clima de opinião.

Tendo em vista os tipos de uso e os possíveis efeitos da divulgação dos resultados, o jornalista que cobre a eleição e emprega a pesquisa como uma de suas principais fontes de informação passa a ter uma responsabilidade muito maior: ele precisa aprender a ler e interpretar tabelas e dados adequadamente e, principalmente, precisa saber avaliar a qualidade técnica das pesquisas que recebe.

Ele precisa ter noções de amostragem e acesso a dados que permitam dizer se o perfil das pessoas entrevistadas equivale ao perfil do eleitorado total que a pesquisa se propõe a representar. Deve exigir o acesso ao questionário completo que foi utilizado no trabalho: diferentes formas de fazer as perguntas e a ordem dessas perguntas afetam os resultados. Fazer uma série de perguntas sobre o papel da mulher ou da religião na política, por exemplo, e depois apresentar uma lista de candidatos em que só há uma mulher candidata ou um candidato explicitamente ligado a uma religião tem grande probabilidade de dar resultado de intenção de voto bem diferente de uma pesquisa em que a intenção de voto venha primeiro.

É preciso verificar se a forma com que os discos e listas de candidatos mostrados aos entrevistados não dão mais destaque visual a um deles em detrimento dos demais. É bom saber, ainda, a qualidade do trabalho de campo verificada.

Muitas vezes, durante a campanha, o jornalista recebe pesquisas ou informações referentes a resultados de pesquisas que não foram encomendadas pela empresa para a qual ele trabalha ou por qualquer outro órgão de imprensa. Pensando nos usos e efeitos da página anterior, é importante saber quem encomendou a pesquisa, quem pagou por ela e por que a fonte tem interesse em sua divulgação naquele momento. Se possível, vale a pena pedir à fonte o questionário completo, as tabulações completas e a indicação de uma pessoa de contato no instituto que executou a pesquisa, para poder tirar quaisquer dúvidas.

Finalmente, é bom verificar que instituto ou instituição realizou a pesquisa. Qual é o histórico do instituto? Ele é independente ou trabalha para determinadas candidaturas? Ele tem a estrutura e o pessoal qualificado para realizar um trabalho de qualidade? O custo declarado da pesquisa é compatível com os preços de mercado?

CUIDADOS A TOMAR COM AS PESQUISAS
- Amostra: ter certeza de que o perfil das pessoas entrevistadas corresponde ao perfil do eleitorado, em termos demográficos e geográficos.
- Ter acesso ao questionário completo e verificar a ordem das perguntas.
- Verificar a forma das listas apresentadas aos entrevistados.
- Saber como foi feita a verificação das pesquisas realizadas.
- Saber quem pagou pela pesquisa.
- Verificar se há vínculo entre quem executou a pesquisa e algum dos candidatos.
- Verificar desempenho passado de quem executou a pesquisa em eleições semelhantes.

A DECISÃO DO QUE PUBLICAR
Dada a importância da pesquisa no processo eleitoral como um todo, a decisão de que pesquisas publicar e como publicá-las é vital para garantir ao eleitor uma informação correta, colocada num contexto que a torne relevante e contribua para seu processo de decisão, que minimize tentativas de manipulação do processo eleitoral e que identifique claramente eventuais fontes de conflito de interesses.

Uma das principais garantias e formas de verificação da confiabilidade das pesquisas está na multiplicidade de fontes: com métodos de amostragem e de entrevistas técnica e operacionalmente bem controlados, os vários institutos deveriam ter resultados similares para pesquisas realizadas num mesmo período. Se cinco ou seis institutos divulgam resultados consistentemente ao longo da campanha, qualquer resultado discrepante do padrão geral deve ser analisado com cuidado, de preferência entrando em contato direto com o instituto para saber se há alguma razão técnica específica que explique a diferença. Como discrepantes, entendemos resultados que estejam claramente fora das margens de erro reportadas pelos institutos, e não pequenas oscilações.

Outra garantia de confiabilidade está na própria legislação eleitoral, que garante pleno acesso aos resultados e à metodologia de cada pesquisa individual, complementada pelo procedimento, que vem sendo adotado pelos institutos mais sérios, de disponibilizar pela internet as tabulações completas e os questionários completos – com as perguntas na ordem que foram formuladas e com a formulação exata –, logo após sua divulgação pelos clientes.

Outra informação que cabe ao jornalista julgar se deve ser parte integrante ou não da divulgação é a eventual existência de vínculos entre o instituto e uma determinada candidatura, seja como consultor, seja como mero fornecedor de tabulações. Os institutos de pesquisa têm um código de ética rígido e realizarão todas as pesquisas dentro dos parâmetros técnicos que garantam a correção do resultado, independentemente do cliente. Em alguns países, como os Estados Unidos, a imprensa opta por ter seus próprios fornecedores exclusivos e não divulga resultados de institutos que tenham vínculos com candidatos. Em outros, a divulgação é feita, mas o vínculo é claramente identificado, para que o leitor tenha a informação e forme seu próprio juízo.

Finalmente, há lugares em que a aposta no controle representado pela multiplicidade de resultados é suficiente para eliminar fontes suspeitas ou tecnicamente inadequadas do mercado.

ALGUNS EXEMPLOS DO EFEITO DA ORDEM DE PERGUNTAS

Nas quatro tabelas seguintes, temos exemplos de variações nas respostas por causa de diferentes formas de perguntar, de variações na ordem das alternativas ou da ordem das perguntas.

FORMULAÇÃO DAS PERGUNTAS			
Na sua opinião, o divórcio neste país deveria ser mais fácil de obter, *mais difícil de obter* ou ficar como está?		Na sua opinião, o divórcio neste país deveria ser mais fácil de obter, ficar como está *ou mais difícil de obter?*	
Mais fácil	23	Mais fácil	26
Mais difícil	**36**	Mais difícil	**46**
Ficar como está	**41**	Ficar como está	**29**

FORMULAÇÃO DAS PERGUNTAS			
Na sua opinião, o divórcio neste país deveria ser mais fácil de obter, *mais difícil de obter* ou ficar como está?		Na sua opinião, o divórcio neste país deveria ser mais fácil de obter *ou mais difícil de obter?*	
Mais fácil	21	Mais fácil	40
Mais difícil	34	Mais difícil	50
Ficar como está	**45**	Ficar como está (espontânea)	**10**

ORDEM DAS ALTERNATIVAS			
Para cada candidato que eu mencionar, diga-me se acha que ele é uma pessoa confiável, sincera			
Começando com candidato A		Começando com candidato B	
Candidato A	48	Candidato B	33
Candidato B	32	Candidato A	65

EFEITO DE ORDEM DAS PERGUNTAS	
Repórter comunista: Você acha que os EUA deveriam deixar repórteres de jornais comunistas de outros países entrar aqui e enviar as notícias de volta para seus jornais da maneira que eles as vêem?	
Repórter americano: Você acha que um país comunista como a Rússia deveria deixar repórteres de jornais americanos entrar lá e enviar as notícias de volta para seus jornais da maneira que eles as vêem?	
Começando com repórter comunista	
Sim para repórter comunista	55%
Sim para repórter americano	**64%**
Começando com repórter americano	
Sim para repórter comunista	75%
Sim para repórter americano	**82%**

- Na primeira pergunta sobre o divórcio, a última alternativa oferecida tem maior propensão de ser escolhida.
- Na segunda pergunta sobre o divórcio, a exclusão da opção de deixar "ficar como está" reduz a proporção relativa dos que se posicionam contra o divórcio e leva a uma maior polarização de opiniões.
- Na questão da confiabilidade de candidatos, o candidato B estava envolvido em um escândalo de grandes proporções.

Na primeira versão, o entrevistado avalia o candidato A tendo como parâmetro os políticos em geral. Na segunda versão, ele primeiro ouve o nome do candidato B (com uma imagem problemática), e este passa a ser a referência. Com base nessa referência, o percentual do candidato A é melhor, já que o entrevistado o compara não com os políticos em geral, mas sim com um concorrente de imagem muito desgastada.

- A opinião sobre a liberdade de ação de jornalistas (da época da Guerra Fria) mostra que, uma vez que se estabeleceu um nível de restrição ou liberdade a uma nação, há uma tendência de manter a coerência em relação a outra nação, junto com uma tendência de restringir o grau de liberdade do "inimigo". Nesse caso, a necessidade de manutenção de coerência pode estar ocultando o grau de resistência real ao adversário.

Resumindo, o papel da pesquisa e seus efeitos no contexto do processo eleitoral, a necessidade de poder avaliar se a pesquisa é confiável e as possíveis fontes de diferenças entre resultados de pesquisas aparentemente similares fazem com que um jornalista que queira usar a pesquisa como fonte, parte integral de sua cobertura de uma eleição ou outro tema, tenha o dever de conhecer os aspectos de amostragem e de construção de perguntas e questionários para poder ser um usuário informado, evitando incorreções de interpretação e também reduzindo o risco de ser usado como meio para divulgar resultados que possam interessar a determinada parte.

INTRODUZINDO A INCERTEZA E ESTIMANDO O ESPAÇO POLÍTICO
No Brasil, o voto é obrigatório. Assim, muitos eleitores que talvez não votassem não fora por essa obrigação, pouco envolvidos ou interessados pela eleição, fazem parte do universo da pesquisa. Isso acrescenta um elemento a mais a ser levado em conta: a manifestação de intenção de voto – principalmente no início da campanha – pode ser muito mais uma medida de lembrança e visibilidade de nomes do que de intenção efetiva de voto. Quem aparece mais na imprensa, ou foi candidato em eleições recentes, já sai com vantagem. Isso torna necessário que se avalie o grau de familiaridade do eleitor com os vários nomes.

A tabela seguinte mostra a vantagem inicial de Lula e Serra sobre Roseana Sarney e Ciro Gomes no início do ano [de 2002]: Lula em razão de seu histórico como candidato e de sua cobertura pela imprensa, e José Serra por sua exposição como ministro da Saúde. Com a exposição de Roseana numa sucessão de propaganda dos partidos que a apoiavam e de Ciro Gomes no fim de junho, ambos aumentaram muito sua visibilidade, chegando a ameaçar a liderança de Lula, até então baseada fortemente na lembrança de seu nome.

Isso indica que a pesquisa, tida como um retrato de momento, tem por trás uma grande dose de potencial de mudança, que a simples pergunta de intenção de voto não retrata.

| GRAU DE CONHECIMENTO DOS CANDIDATOS ||||||
| Para cada NOME que eu mencionar, pensando no que sabe ou ouviu falar dele e do que ele fez, diga se o conhece bem, conhece um pouco, conhece só de nome ou nunca tinha ouvido falar dele antes? ||||||

Nome	Nunca ouviu falar dele	Conhece só de nome	Conhece um pouco	Conhece bem	NS/NR	Total
Lula	0%	27%	45%	27%	1%	100%
José Serra	5%	37%	41%	17%	1%	100%
Roseana Sarney	3%	45%	40%	11%	1%	100%
Ciro Gomes	8%	48%	32%	10%	2%	100%
Garotinho	7%	41%	35%	16%	1%	100%
Tasso Jereissati	52%	28%	8%	4%	8%	100%
Pedro Simon	54%	27%	8%	3%	8%	100%
Itamar Franco	7%	32%	39%	20%	3%	100%
Aécio Neves	55%	23%	10%	4%	8%	100%
Silvio Santos	1%	10%	32%	56%	1%	100%

A frase "A pesquisa é apenas o retrato de um momento" é repetida até a exaustão por institutos e analistas de pesquisas divulgadas na imprensa. Nada pode ser mais evidente: a campanha existe para modificar intenções de voto; os estrategistas têm exatamente a função de usar dados de pesquisa como base de ações que façam com que a próxima pesquisa dê resultados diferentes dos da anterior.

O problema é que, contentando-se com "um retrato de momento", não se dá ao eleitor a dimensão da volatilidade do voto, nem indicadores de possíveis propensões de mudança ou do potencial de crescimento de candidaturas com menor visibilidade. A informação é incompleta. Muitos leitores podem atribuir à intenção de momento uma firmeza que ela não tem.

Pode ser que a grande verdade do momento seja o grau de indefinição do eleitorado, e não a intenção de voto baseada em graus de visibilidade e familiaridade maior de determinado candidato. Muitas vezes, a atratividade de percentual de voto definido é maior para o jornalista, na hora de fazer o título, do que seria dar destaque à indefinição: é mais notícia dizer que "Fulano está na frente com 35%" do que colocar no título "Metade dos eleitores ainda não sabe em quem vai votar".

As duas tabelas seguintes mostram que é possível combinar a pergunta de intenção de voto com uma pergunta que permite avaliar o grau de firmeza do voto e a possibilidade de o entrevistado ainda vir a votar em outros candidatos, mostrando um "retrato de momento" mais próximo da situação real de indefinição do eleitor. Pode requerer mais espaço, mais análise e não ter o mesmo impacto, mas é mais correto e completo: a decisão é editorial.

As tabelas mostram, por exemplo, que, do total de eleitores de Lula – pelo critério da pergunta de intenção de voto estimulada –, 34% ainda admitiam votar em Serra e 43%, em Ciro. Dos eleitores declarados de Serra, 34% não descartavam Lula, e 66% poderiam vir a votar em Ciro. Com esses dados, não é de surpreender que Ciro tenha crescido tanto depois que seu nome e sua figura se tornaram mais conhecidos.

SUPERPOSIÇÃO E INDEFINIÇÃO DE VOTO						
	Votariam em cada candidato hoje (intenção de voto estimulada)					
	Lula	Serra	Garotinho	Ciro	Branco/ nulo	Não sabe
Certeza de voto nos candidatos						
Lula						
Com certeza votaria nele	82	5	8	6	4	9
Poderia votar nele	16	29	29	37	21	29
Não votaria nele de jeito nenhum	0	59	50	48	62	30
Não conhece o suficiente para opinar	1	8	13	8	13	33
Serra						
Com certeza votaria nele	3	64	4	6	2	1
Poderia votar nele	31	33	39	48	20	34
Não votaria nele de jeito nenhum	44	0	35	34	55	17
Não conhece o suficiente para opinar	22	3	23	12	23	48
Ciro						
Com certeza votaria nele	4	8	8	69	0	5
Poderia votar nele	43	57	43	30	24	34
Não votaria nele de jeito nenhum	32	20	25	0	50	15
Não conhece o suficiente para opinar	21	14	25	1	26	45

Esta tabela mostra que é possível estimar o espaço político dos candidatos usando essas mesmas perguntas, retra-tando melhor a realidade do momento.

ESPAÇO POLÍTICO DE UM MOMENTO	
Pode votar Serra e Lula	36%
Vota Serra, mas não Lula	19%
Vota Lula, mas não Serra	33%
Rejeita Serra e Lula	12%
Pode votar Serra e Garotinho	34%
Vota Serra, mas não Garotinho	21%
Vota Garotinho, mas não Serra	18%
Rejeita Serra e Garotinho	27%
Pode votar Serra e Ciro	37%
Vota Serra, mas não Ciro	18%
Vota Ciro, mas não Serra	16%
Rejeita Serra e Ciro	29%

O EFEITO DA MÍDIA: ATENÇÃO SELETIVA, PERCEPÇÃO SELETIVA E RETENÇÃO SELETIVA

As diferenças nos graus de envolvimento e interesse pela eleição fazem com que os efeitos da imprensa, da campanha na televisão e da cobertura jornalística dependam desse interesse e envolvimento. Isso tem implicações para a interpretação dos efeitos da campanha e para a análise dos dados referentes à audiência dos programas dos partidos antes e durante o horário gratuito e, mais importante, dos dados referentes a pesquisas sobre "quem ganhou" os debates.

Estudos de psicologia cognitiva e social mostram que o eleitor é sujeito a três processos de seleção com relação a mensagens e imagens. Durante uma campanha eleitoral, esses processos de seleção seriam traduzidos, na maioria dos casos, em:

- *atenção seletiva*: o eleitor presta mais atenção no candidato que apóia e, em segundo lugar, no adversário que pode representar a maior ameaça a seu candidato favorito;
- *percepção coletiva*: o eleitor interpreta as mensagens que recebe por uma óptica que coloque seu próprio candidato numa perspectiva mais favorável, desqualificando mensagens que sejam contrárias (a não ser que sejam extremamente relevantes e críveis);

- *retenção seletiva*: o eleitor tende a reter e memorizar mais as mensagens que lhe dão uma base de apoio para sua decisão de voto. Tende ainda a guardar apenas aquelas que são centrais para essa decisão, descartando as mensagens que sejam menos relevantes ou que possam gerar um processo de dissonância interna, gerando insegurança com relação à decisão tomada.

A tabela seguinte mostra como os eleitores dos vários candidatos se lembram mais de ter visto a propaganda de seus próprios candidatos do que a de seus adversários. Garotinho teve a menor atenção entre seus próprios eleitores. Ciro teve a segunda maior atenção por parte dos eleitores de Serra e Lula.

	EXPOSIÇÃO A PROPAGANDA E VOTO						
	Votariam em cada candidato hoje (intenção de voto espontânea)						
	Total	Lula	Serra	Garotinho	Ciro	Branco/nulo	Não sabe
Lembra de ter visto programa ou propaganda partidária de algum desses candidatos							
Ciro Gomes	33	29	40	27	**49**	16	19
Garotinho	25	23	28	**37**	28	17	17
José Serra	29	26	**49**	24	33	17	17
Lula	35	**45**	39	31	35	21	20
Outro	1	1	0	0	1	1	1
Viu, mas não lembra quem	6	6	4	9	4	4	10
Não viu, não respondeu	45	44	36	44	39	67	58

AUDIÊNCIA DOS DEBATES E DETERMINAÇÃO DE UM VENCEDOR
Boa parte do propósito dos debates é conseguir declarar que um candidato foi o vencedor, mostrando, dessa forma, que ele é mais bem informado, mais preparado e, por isso, de algum modo "superior aos adversários" e, em última instância, mais indicado para ocupar o cargo.

É lógico que, do ponto de vista ideal, o debate também contribuiria para aumentar a base de informação do eleitor sobre os candidatos, suas propostas e competências, contribuindo para uma maior racionalidade da decisão do voto.

A imprensa tende a cobrir tanto o conteúdo básico do discurso quanto a forma com que cada candidato se apresentou, mas há sempre uma forte tendência de chegar a um "vencedor". Desde o grande mito criado em torno do debate entre Kennedy e Nixon, essa tendência vem se mantendo, embora toda a pesquisa mostre que Kennedy foi o "vencedor" do primeiro debate por uma pequena margem e em públicos muito específicos. O debate só teve um efeito significante porque a diferença final a favor de Kennedy foi de meio ponto percentual. As duas tabelas seguintes mostram que o candidato que tem maior intenção de voto também tem maioria entre os que assistiram ao debate. Assim, ele também tende a ser visto como o vencedor, numa proporção que praticamente replica o perfil da audiência. É mais ou menos como ter um jogo entre Corinthians e Flamengo no Pacaembu, que termina em empate, e perguntar a uma amostra da platéia quem merecia vencer.

Isso não significa que não se possa determinar um "vencedor": a segunda tabela mostra que, separando a opinião dos eleitores que apóiam cada candidato, os eleitores de Lula e Ciro ficaram mais satisfeitos com seus candidatos do que os eleitores de Serra e Garotinho. Na realidade, os eleitores desses dois últimos chegaram a achar que os outros candidatos tiveram um desempenho melhor do que seus preferidos de momento.

AVALIAÇÃO DOS DEBATES

Candidatos	INTENÇÃO DE VOTO ENTRE OS QUE ASSISTIRAM AO DEBATE E AVALIAÇÃO DE QUEM SE SAIU MELHOR E PIOR			
	Intenção de voto entre quem assistiu ao debate	Quem se saiu melhor (1º lugar)	Quem se saiu melhor (1º + 2º lugar)	Quem se saiu pior
Lula	40	41	70	19
Serra	9	10	33	31
Garotinho	6	4	13	31
Ciro	29	26	50	4
Todos		5	6	1
Nenhum	9	4	12	9
Não sabe	7	10	16	6

Quem se saiu melhor no debate?	QUEM SE SAIU MELHOR NA OPINIÃO DE SEUS PRÓPRIOS ELEITORES E DOS ELEITORES DE SEUS ADVERSÁRIOS					
	Opinião dos eleitores de Lula	Opinião dos eleitores de Serra	Opinião dos eleitores de Garotinho	Opinião dos eleitores de Ciro	Opinião dos eleitores que votam em branco ou nulo	Opinião dos eleitores que não sabem em quem votar
Lula	69	39	24	11	37	32
Serra	10	20	0	17		
Garotinho	4		30	6		
Ciro	26	17	11	56	45	31
Todos	5			25	1	5
Nenhum	4	1	4	5		
Não sabe	10	22	5	3	18	32

TRÊS TIPOS DE PESQUISA ELEITORAL

Além dos aspectos técnicos a serem considerados na elaboração e divulgação de pesquisas, há as questões da qualidade intrínseca da informação, do que ela agrega ao entendimento do processo de decisão do eleitor e do que ela pode acrescentar ao debate mais profundo do que está em jogo no pleito. Assim, a pesquisa eleitoral pode ter três tipos de propósito diferentes, dependendo do tipo de pergunta feita e da profundidade da análise:

- *descritiva*: registra uma situação de momento, para o total do eleitorado e para os vários segmentos geográficos e demográficos. *Agrega pouco entendimento do processo de decisão de voto*;
- *preditiva*: procura prever com a maior precisão possível o resultado da eleição, montando o melhor modelo de estimativa. Trabalha com um número reduzido de variáveis. *Permite algum entendimento do processo de decisão de voto*;
- *explicativa*: procura identificar os fatores que movem o eleitor no sentido dos vários candidatos e o peso relativo desses fatores. *Permite entender em mais profundidade o processo e a dinâmica de decisão do eleitor.*

PESQUISA DESCRITIVA

Esse é, infelizmente, o tipo mais comum de pesquisa e de formato de publicação e também o que menos informação traz. As cinco próximas tabelas trazem exemplo desse tipo de pesquisa.

Geralmente, ela está centrada apenas nas perguntas de intenção de voto. Ela não passa de uma tabulação que mostra como diferentes segmentos da sociedade votariam se a eleição fosse realizada no dia da pesquisa.

Na maioria das vezes, mostra a intenção de voto por sexo, idade, nível de renda, nível de instrução, religião, categoria profissional, região do país, tamanho e tipo de município. Como mostram as duas tabelas seguintes, as diferenças de intenção de voto entre esses subgrupos tendem a ser pequenas – principalmente em comparação com a visão que os eleitores têm das qualidades dos candidatos e do envolvimento maior ou menor deles com temas que preocupam os eleitores – e pouco contribuem para uma correta previsão do resultado futuro da eleição, ou para o entendimento das motivações do eleitor ao fazer sua escolha.

Mesmo diferenças marcantes, como a menor intenção de voto de Lula entre as mulheres, não são claramente interpretáveis: será que essa rejeição maior era de todas as mulheres ou só das donas-de-casa? Seria igual em todos os níveis de instrução ou maior entre as menos instruídas? Veremos, adiante, que relações aparentes podem ser falsas, levando a conclusões errôneas.

PESQUISA DESCRITIVA TRADICIONAL: VARIÁVEIS DEMOGRÁFICAS E VOTO												
Voto		Lula			Serra			Garotinho			Ciro		
estimulado por variáveis demográficas e geográficas	Total	12-16 jun	4-7 jul	11-14 jul	12-16 jun	4-7 jul	11-14 jul	12-16 jun	4-7 jul	11-14 jul	12-16 jun	4-7 jul	11-14 jul
voto espontâneo		26	21	21	8	8	7	6	6	6	5	9	13
voto estimulado		38	34	33	19	17	15	13	12	10	11	18	22
Sexo													
Masculino	49	44	40	38	18	16	14	12	10	9	11	19	23
Feminino	51	31	28	29	20	19	15	14	13	11	12	17	20
Idade													
16 a 24	24	40	36	35	19	16	14	16	17	12	12	18	24
25 a 34	24	38	36	33	20	15	15	14	10	10	11	20	23
35 a 49	30	39	32	34	19	20	14	12	10	9	12	19	22
50 e mais	22	33	30	30	19	18	17	11	11	8	10	15	18
Instrução													
Até 4ª série	40	34	34	34	20	17	16	13	12	10	9	14	16
5ª à 8ª série	25	40	34	38	19	17	15	16	13	11	10	17	20
Médio completo e incompleto	28	39	32	30	17	16	13	13	13	11	14	24	27
Superior compl. e incompleto	7	41	35	26	21	23	17	4	5	5	20	20	34
Renda familiar (salários mínimos)													
Mais de 10	8	40	29	34	23	25	20	7	10	2	14	25	33
Mais de 5 a 10	15	41	36	27	19	17	12	11	10	10	17	23	32
Mais de 2 a 5	33	38	34	32	19	18	14	13	13	12	12	19	21
Mais de 1 a 2	24	36	32	36	18	18	15	18	12	11	9	15	17
Até 1	16	36	36	37	21	15	15	12	13	9	8	15	18

PESQUISA DESCRITIVA TRADICIONAL: VARIÁVEIS GEOGRÁFICAS E VOTO												
Intenções de voto Voto estimulado por variáveis demográficas e geográficas	% eleito- rado	Lula			Serra			Garotinho			Ciro		
		12-16 jun	4-7 jul	11-14 jul	12-16 jun	4-7 jul	11-14 jul	12-16 jun	4-7 jul	11-14 jul	12-16 jun	4-7 jul	11-14 jul
voto estimulado		38	34	33	19	17	15	13	12	10	11	18	22
Região													
Norte/ Centro-Oeste	13	39	35	38	17	18	19	13	12	7	14	18	21
Nordeste	27	42	38	38	18	14	14	10	13	9	13	21	25
Sudeste	45	36	31	31	18	18	15	16	13	12	10	17	19
Sul	16	35	33	28	26	20	14	10	6	7	12	16	24
Tipo de município													
Capital	27	37	33	35	16	16	14	14	14	8	16	21	23
Periferia regiões metropolitanas	13	39	34	32	17	14	9	17	19	17	9	19	23
Interior	60	37	34	33	21	19	17	12	10	9	10	16	21
Porte do município													
Até 20 mil	29	36	34	31	22	19	18	11	11	9	10	17	21
Mais de 20 a 100 mil	23	39	35	35	20	17	14	15	8	11	6	18	21
Mais de 100 mil	48	38	33	34	17	16	13	13	15	10	14	19	23

UM PRIMEIRO TURNO FRAGMENTADO	
1989: 1º Turno	
Collor	28,5%
Lula	16,1%
Brizola	15,4%
Covas	10,8%
Paulo Maluf	8,3%
Afif Domingos	4,5%
Ulysses Guimarães	4,4%
Outros	5,6%
Branco/nulo	6,4%

A INTENÇÃO DE VOTO AO LONGO DO TEMPO

Quando se olha para os mesmos dados ao longo de todo um processo eleitoral, eles podem acrescentar um pouco mais ao entendimento do que está ocorrendo.

A forte ascensão inicial da candidatura de Collor – apoiada por três aparições seguidas em programas partidários, enquanto os demais partidos ainda discutiam quem seriam seus candidatos – fica clara, como também fica seu desgaste após o início da propaganda na televisão.

EVOLUÇÃO DO VOTO EM 1989

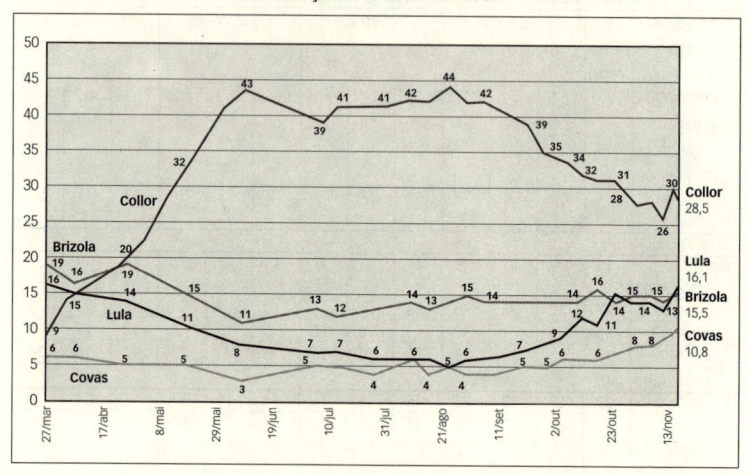

	22 ago	10 nov	Perdas
VARIAÇÕES DE PERFIL DO ELEITOR DE COLLOR – 1989			
Total	44	26	41%
16 a 17 anos	62	25	60%
18 a 25 anos	49	27	45%
25 a 39 anos	41	26	37%
40 e mais	40	26	35%
Até primário completo	44	33	25%
Ginasial	50	25	50%
Colegial	39	17	56%
Superior	26	9	65%
Sul	32	17	47%
Sudeste	38	20	47%
Norte e Centro-Oeste	55	38	31%
Nordeste	54	37	31%
10 mil habitantes	45	35	22%
20 mil habitantes	50	36	28%
50 mil habitantes	50	27	46%
100 mil habitantes	42	27	36%
500 mil habitantes	47	24	49%
Mais de 500 mil	30	13	57%

Analisando a variação no perfil do eleitorado de Collor ocorrida entre o início e o fim da propaganda na televisão, vemos como ele ficou dependente do eleitorado menos instruído, mais velho, das cidades menores do Nordeste, Norte e Centro-Oeste; mas isso não ajuda a explicar a fidelidade desse eleitorado nem o afastamento dos demais.

Ao observar esse tipo de evolução, o analista tende a fazer uma associação das variações com eventos que ele julga críticos, mas não pode ter certeza de que o eleitor compartilha de sua opinião e de que foi realmente movido por esses eventos. É preciso perguntar mais, aprofundar a investigação, para passar da especulação a uma interpretação mais fundamentada, que permita estabelecer relações de causa e efeito.

RELAÇÕES ESPÚRIAS: A NECESSIDADE DE MAIS VARIÁVEIS PARA ENTENDER O VOTO

A página seguinte ilustra como uma leitura superficial de uma tabela pode levar a conclusões erradas, servindo ainda para mostrar que o jornalista precisaria aprender a ler tabelas. Não há necessidade de profundos conhecimentos estatísticos para aprofundar a análise: cruzar os dados de forma diferente, por um número maior de categorias, pode ajudar muito.

Uma primeira leitura da tabela sugere que, entre os eleitores mais velhos, um candidato apoiado numa plataforma religiosa tem 9% a mais de votos do que entre os eleitores jovens, sugerindo uma relação entre idade e apoio a uma postura religiosa.

Na parte inferior da tabela, os dois grupos de idade são divididos de acordo com seu nível de instrução. Logo se nota que pessoas de nível de instrução igual tendem a votar de forma semelhante, independentemente da idade. Na realidade, o que se verifica é que os menos instruídos é que votam mais no candidato religioso (quase 20% a mais do que os mais instruídos).

Analisando os percentuais, vemos que, em vez de uma diferença de nove pontos entre os grupos de idade, temos uma diferença entre dois e três pontos. Por outro lado, a diferença entre os grupos de instrução é de 20 a 22 pontos.

Em suma, uma associação aparente era falsa e o acréscimo de mais informações permitiu mostrar que outro fator ajuda a explicar melhor o fenômeno. Comparando a magnitude das diferenças pode-se também avaliar o peso relativo da idade e da instrução na decisão de voto: a variação na idade dá uma média de 2,5 pontos a mais para o candidato religioso, enquanto a variação na escolaridade dá a ele um incremento médio de 20,5 pontos.

LENDO TABELAS E ESTIMANDO EFEITOS

VOTA EM CANDIDATOS RELIGIOSOS?			
	Eleitores jovens	Eleitores velhos	Efeito da idade 9%
Sim	17%	26%	
Não	83%	74%	

	VOTA EM CANDIDATOS RELIGIOSOS?					
	Instrução alta			Instrução baixa		
	Jovens	Velhos	Efeito da idade	Jovens	Velhos	Efeito da idade
Sim	9%	11%	2%	29%	32%	3%
Não	91%	89%		71%	68%	
	Efeito da instrução			Efeito da instrução		
	20%			21%		

PESQUISA PREDITIVA

Um dos objetivos da pesquisa é, muitas vezes, fornecer indicadores adicionais que permitam prever o resultado mais provável da eleição. Isso exige a capacidade de entender melhor o que está por trás da decisão de voto, principalmente do eleitor indeciso, menos firme, que os estrategistas dos vários candidatos procuram atrair no decorrer e, principalmente, no final da campanha. Para isso, só conhecer o perfil demográfico e geográfico do eleitorado não basta. O caso da eleição de Jânio Quadros [em 1985] talvez seja o melhor exemplo, como demonstram os três quadros seguintes.

O primeiro deles mostra a diferença entre os resultados da pesquisa de boca de urna do Ibope e o resultado real das urnas. Fernando Henrique Cardoso liderava nas intenções de voto, mas o número de indecisos superava a diferença entre ele e Jânio Quadros. Levando em conta a margem de erro, não era possível prever um vencedor. Adotar o critério de ignorar os indecisos e levar em conta apenas os votos válidos ainda indicaria a vitória de FHC.

Trazendo outras informações para a análise, porém, era possível mostrar que havia uma tendência do eleitorado menos firme de apoiar Jânio. Para detectar essa tendência, era preciso levar em conta as respostas não apenas à pergunta estimulada, mas também à pergunta espontânea, na qual não se mostra o disco com o nome dos candidatos aos entrevistados. Nessa última pergunta, na pesquisa realizada 48 horas antes da eleição,

25% diziam que não sabiam em quem votariam – um número bem maior do que os 8,5% da pergunta estimulada. É preciso lembrar também que havia uma forte tendência a favor de FHC entre as lideranças de opinião na época.

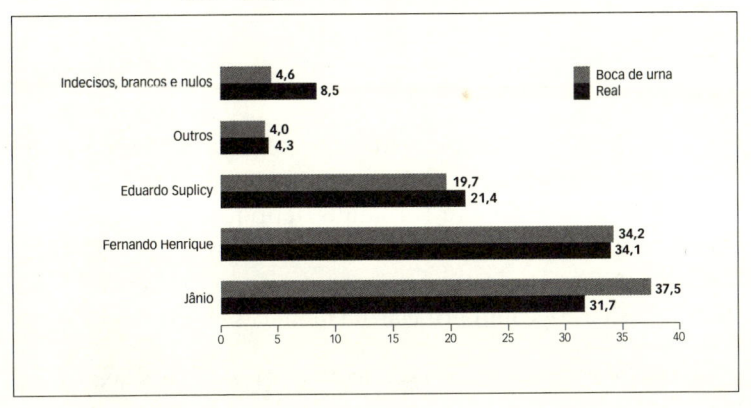

1985 – ELEIÇÃO PARA PREFEITO EM SÃO PAULO

Candidato	Boca de urna	Real
Indecisos, brancos e nulos	4,6	8,5
Outros	4,0	4,3
Eduardo Suplicy	19,7	21,4
Fernando Henrique	34,2	34,1
Jânio	37,5	31,7

A informação adicional que permitia detectar uma tendência diferente dos 25% de leitores menos firmes estava nas perguntas relacionadas à percepção que os eleitores tinham da imagem pessoal dos candidatos e da importância por eles conferida aos diferentes atributos que compunham essa imagem.

A tabela seguinte mostra esses atributos, a ordem de importância deles para a escolha do novo prefeito e o percentual dos eleitores indecisos que achava que cada um dos candidatos tinha essa qualidade mais do que seus concorrentes.

Calculando-se a média de cada candidato, levando em conta os atributos e sua importância, revela-se que Jânio tinha uma imagem muito mais favorável do que a de FHC entre os eleitores menos firmes. Na realidade, o clima geral pró-FHC pode ter levado boa parte desses 25% de eleitores a mascarar ou não revelar sua verdadeira opinião, por sentir que havia um clima contrário, evidenciando o que acabou se chamando de "voto envergonhado", comportamento comum, como mostrado por Elisabeth Noelle-Neumann em sua teoria da Espiral do Silêncio.

IMAGEM DOS CANDIDATOS ENTRE OS INDECISOS (25% NA PERGUNTA ABERTA)				
Qualidades mais importantes		Jânio	FHC	Suplicy
Honesto	64	25	13	7
Trabalhador	38	28	20	5
Preocupa-se com o povo	34	37	26	7
Preocupa-se com a cidade	33	25	20	7
Inteligente	25	31	21	5
Experiência administrativa	21	39	11	5
Média ponderada pela importância		30,8	18,5	6,0

Se, em vez de ter-se distribuído o voto dos indecisos na proporção dos votos dos já decididos, esses votos tivessem sido distribuídos entre Jânio e Fernando Henrique na proporção da força da imagem pessoal de cada um entre os indecisos, a previsão resultante praticamente coincidiria com os resultados finais da eleição, como fica claro na tabela seguinte.

PROJEÇÃO DO VOTO INDECISO COM BASE NA FORÇA DA IMAGEM DOS CANDIDATOS					
Candidatos	Votos dos indecisos na pergunta aberta (25%)	Voto entre os decididos (75%)	Total projetado	Real	Diferença
Jânio Quadros	11,2	26	37,2	37,5	0,3
Fernando Henrique	6,8	28	34,8	34,2	-0,6
Eduardo Suplicy	2,3	17,5	19,8	19,7	-0,1

Resumindo, a intenção de voto estimulada nem sempre é o melhor indicador. Se o número de indecisos na pergunta espontânea se mantiver elevado, será preciso tomar cuidado e procurar indicadores adicionais.

Finalmente, ir além dos meros indicadores demográficos e incluir elementos da percepção que os eleitores têm da pessoa dos candidatos ajuda a entender melhor as razões de voto e a oferecer ao leitor resultados mais precisos.

PESQUISA EXPLICATIVA

Esse tipo de pesquisa exige um questionário muito mais longo e aprofundado, baseado em modelos teóricos que incorporam perguntas sobre aspectos do passado, vida atual e perspectivas futuras do eleitor; sua informação e percepção dos candidatos; seus principais problemas de momento, sua visão dos problemas nacionais e a relação entre estes e a escolha de um candidato; sua inserção social e a influência de familiares, amigos, colegas de trabalho e lideranças de opinião formais sobre sua informação e opinião; seu histórico de voto e sua ideologia, entre outros fatores. Além disso, é necessário acompanhar a forma pela qual a campanha eleitoral pode vir a influenciá-lo.

A ilustração seguinte mostra uma visão esquemática de um dos vários modelos do tipo de informação e da ação entre as informações que devem ser incluídas num questionário, para uma análise adequada que gere um entendimento aprofundado do processo e do peso dos fatores nele.

UM MODELO DE DECISÃO DE VOTO

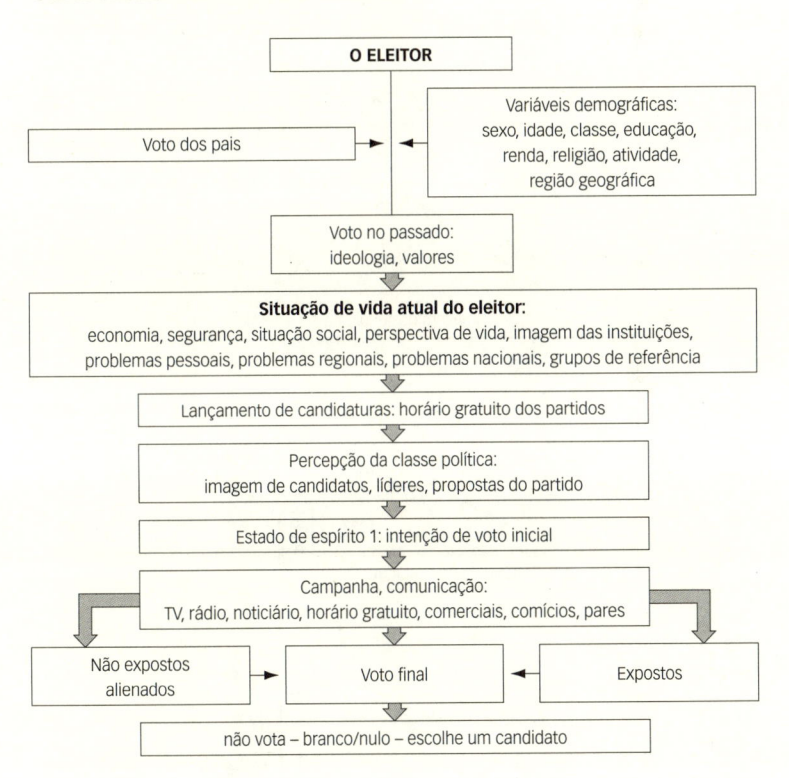

```
                        ┌──────────────┐
                        │  O ELEITOR   │
                        └──────────────┘
                                                Variáveis demográficas:
  ┌──────────────┐                              sexo, idade, classe, educação,
  │ Voto dos pais│ ──►  ◄──                     renda, religião, atividade,
  └──────────────┘                              região geográfica

              Voto no passado:
              ideologia, valores
                    ▼
        Situação de vida atual do eleitor:
  economia, segurança, situação social, perspectiva de vida, imagem das instituições,
  problemas pessoais, problemas regionais, problemas nacionais, grupos de referência
                    ▼
     Lançamento de candidaturas: horário gratuito dos partidos
                    ▼
              Percepção da classe política:
      imagem de candidatos, líderes, propostas do partido
                    ▼
     Estado de espírito 1: intenção de voto inicial
                    ▼
                Campanha, comunicação:
     TV, rádio, noticiário, horário gratuito, comerciais, comícios, pares
                    ▼
  ┌──────────────┐       ┌──────────┐       ┌──────────┐
  │Não expostos  │ ──►   │Voto final│  ◄──  │ Expostos │
  │ alienados    │       └──────────┘       └──────────┘
  └──────────────┘
        não vota – branco/nulo – escolhe um candidato
```

As ilustrações seguintes mostram, no caso da Inglaterra, como o peso dos fatores – partido, temas de campanha, imagem do candidato – e a introdução da dimensão de valores vêm alterando o processo de decisão do eleitor inglês nas últimas décadas. Eles também mostram que não há modelos fixos: a cada eleição é necessário uma nova análise, já que as condições de vida são diferentes e os candidatos também. Premissas de uma eleição podem não valer na seguinte.

MUDANÇA DE PESO NAS VARIÁVEIS (INGLATERRA)

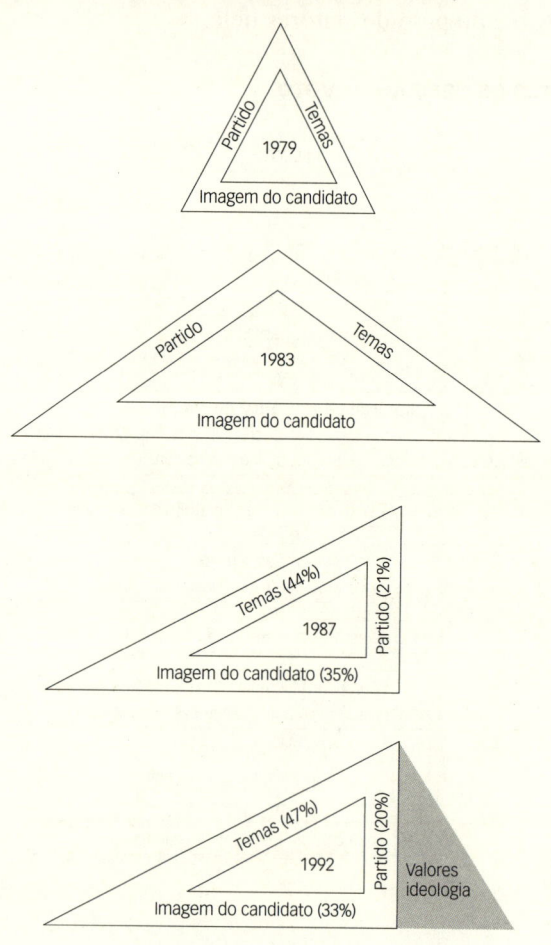

1979
Partido / Temas / Imagem do candidato

1983
Partido / Temas / Imagem do candidato

1987
Temas (44%) / Partido (21%) / Imagem do candidato (35%)

1992
Temas (47%) / Partido (20%) / Imagem do candidato (33%) / Valores ideologia

PESQUISA EXPLICATIVA: UM EXEMPLO DE 1994

A próxima tabela mostra três fases da eleição em que Fernando Henrique Cardoso derrotou Lula em 1994, revelando como um candidato menos conhecido já mostrava um potencial bem superior à sua intenção de voto de momento e como as percepções do eleitor foram se modificando no decorrer da campanha. Serve de exemplo de um dos tipos de análise que uma pesquisa explicativa pode usar, para mostrar não só a intenção de voto, mas também as razões por trás dessa intenção.

MUDANÇAS DE IMAGEM E PERFIL DURANTE A CAMPANHA DE 1994									
	Junho, antes do Real			Início de agosto, logo após Real			Fim de agosto, Real em vigor		
	Lula	FHC	dif.	Lula	FHC	dif.	Lula	FHC	dif.
Intenção de voto	38	17	-21	30	35	5	25	44	19
CAPACITAÇÃO PARA O CARGO	Lula	FHC	dif.	Lula	FHC	dif.	Lula	FHC	dif.
Preparo para ser presidente	33	40	7	24	55	31	20	59	39
Bom plano de governo	36	35	-1	27	50	23	23	55	32
Instrução para ser presidente	20	43	23	17	51	34	14	56	42
GOVERNABILIDADE E TRANQÜILIDADE									
Apoio do Congresso para governar	29	48	19	21	58	37	15	64	49
Vai dialogar com outros partidos	15	56	41	18	56	38	19	56	37
Trará tranqüilidade e união para o país	33	30	-3	25	47	22	21	50	29
Não vai permitir greves se for eleito	22	49	27	20	54	34	17	57	40
PERSPECTIVA FUTURA									
Modernizará o país	32	36	4	23	51	28	20	55	35
Trará desenvolvimento	38	35	-3	28	50	22	23	53	30
Acabará com a inflação	28	33	5	23	47	24	20	48	28
Sua eleição seria passo para a frente	28	37	9	25	43	18	22	46	24
IDENTIFICAÇÃO COM POBRES E QUESTÕES SOCIAIS									
Prioridade à educação e saúde	44	30	-14	35	43	8	29	47	18
Criar mais empregos	51	24	-27	38	39	1	33	42	9
Fará mais pelos mais pobres	54	23	-31	43	35	-8	38	38	0
Defenderá interesses dos trabalhadores	64	18	-46	52	31	-21	49	33	-16
Conhece problemas da população	42	19	-23	28	24	-4	26	35	9
IDENTIFICAÇÃO COM RICOS E ELITES									
Defenderá interesses dos empresários	24	48	24	22	52	30	19	56	37
Defenderá interesses dos ricos	19	46	27	21	47	26	20	46	26
Defenderá interesses dos banqueiros	20	43	23	22	45	23	21	45	24

Lula iniciou o processo com uma vantagem de 38%, contra 17% de FHC (junho, antes da entrada em vigor do Plano Real). Uma simples comparação entre a intenção de voto em Lula e o percentual dos eleitores que achavam que ele tinha mais certas qualidades pessoais, competência para o cargo e capacidade de solução de certos problemas mostrava que ele estava acima de sua intenção de voto na identificação com os pobres e com as questões sociais, mas estava abaixo dessa mesma intenção nos fatores relacionados com a capacitação para o cargo, governabilidade e tranqüilidade do país e com as perspectivas de futuro do país. FHC tinha, desde a saída, maior identificação com as elites, mas estava muito acima de sua própria intenção de voto em todos os itens – ao contrário de Lula –, evidenciando seu potencial de crescimento futuro. Boa parte do voto de Lula era baseado na maior visibilidade do seu nome e na lembrança de sua participação na eleição contra Collor.

No decorrer da campanha, FHC mantém e aumenta sua liderança nos fatores de capacitação para o cargo, governabilidade e tranqüilidade do país e perspectivas de futuro e reduz a diferença para Lula na identificação com as questões sociais. Além disso, acaba ultrapassando o petista na capacidade de resolução dos problemas. Lula chega ao fim da eleição em vantagem apenas na identificação com os interesses dos trabalhadores. FHC mantém sua identificação com as elites, mas isso não impede que ele aumente sua intenção de voto e acabe sendo eleito no primeiro turno.

ORJAN OLSEN é diretor da Ipsos-Opinion Brasil.

DIVULGAÇÃO DE PESQUISAS E PRECAUÇÕES
Mauro Paulino

LIMITES DA PRECISÃO

É, para mim, motivo de orgulho e felicidade a participação nesta cátedra. Conseqüência não apenas da óbvia admiração pelas realizações profissionais e pelo carisma do "seu Frias", como nos acostumamos a chamá-lo – características essas alimentadas a cada encontro nos corredores do jornal ou mesmo nos momentos mais tensos das reuniões em sua sala –, mas também, para meus olhos de pesquisador profissional, por sua visão de jogo e perspicácia ao lançar, na década de 1980, um instituto de pesquisas bancado pelo Grupo Folha com a firme proposta de independência e imparcialidade. Hoje, após quase 20 anos, é possível perceber a influência dessa decisão na democratização desse tipo de informação no Brasil.

Como o tempo é escasso, pretendo dar uma visão geral, ainda que superficial, dos limites impostos aos que divulgam resultados de pesquisa quanto à precisão dos números e seu real significado. Há uma série de cuidados a serem tomados ao analisar resultados de pesquisas de opinião pública, o que deveria delimitar seu papel e sua importância no processo democrático e, em especial, no jogo eleitoral. Mas isso nem sempre acontece. Estamos presenciando neste ano [2002] alguns exemplos de utilização e divulgação irresponsável de levantamentos eleitorais, quantitativos e qualitativos, que geram especulações exacerbadas tanto no mercado financeiro quanto no mercado político. Por outro lado, há, desde 1998, uma crescente divulgação dos dados pelos veículos de comunicação. Hoje, todos divulgam resultados dos principais institutos. Isso aumenta a repercussão causada pelos números e potencializa os efeitos, muitas vezes efêmeros, dos resultados nas campanhas, no mercado financeiro e na opinião pública.

Pretendo aqui citar alguns parâmetros necessários para a interpretação e divulgação correta desses resultados. Como estamos presenciando uma disputa com muitas alternativas pela vaga no segundo turno contra Lula, que mantém uma liderança sólida há cerca de dois anos, esses cuidados tornam-se essenciais, pois a influência das pesquisas nas campanhas, no mercado financeiro e, em menor grau, na definição do voto dos eleitores torna-se maior e com mais chances de distorção. Cresce nesses momentos, portanto, a responsabilidade dos institutos de pesquisa e dos veículos que se propõem a divulgar seus resultados.

TÉCNICAS DE PESQUISA

As campanhas políticas costumam utilizar em profusão duas técnicas de pesquisa para embasar as decisões: as qualitativas e as quantitativas. Como uma complementa a outra, é mais freqüente a realização de um levantamento qualitativo que suscita questões a serem exploradas em levantamento quantitativo. A maior parte das *qualis* é feita a partir de discussões em grupo (*focus group*), quando cerca de dez eleitores de um determinado segmento são reunidos em uma sala e durante aproximadamente duas horas fazem considerações sobre um tema específico. Os participantes, estimulados por um mediador, são observados através de um falso espelho por profissionais de pesquisa e da campanha. Por vezes, o próprio candidato acompanha as discussões por trás do espelho, pois é uma oportunidade de conhecer o eleitor com maior naturalidade.

As *qualis* são apreciadas pelos profissionais de marketing político, pois permitem uma percepção mais aprofundada dos problemas, considerando não só a verbalização, mas também expressões, tons de voz, gestual e dinâmica dos diferentes grupos. A imediata visualização das reações dos participantes aos estímulos do mediador possibilita, muitas vezes, decisões durante as tradicionais reuniões logo após a realização dos grupos. Essa atitude não é recomendada pelos profissionais de pesquisa, pois a análise correta é feita a partir da comparação do conteúdo obtido nos diferentes grupos, verificada nas gravações em vídeo e nas notas taquigráficas.

Discute-se muito sobre a adequação da publicação de estudos qualitativos, já que as conclusões envolvem altas doses de subjetividade. A **Folha** e o Datafolha realizaram duas experiências de publicação desse tipo de pesquisa, a meu ver parcialmente bem-sucedidas. A recomendação primordial que faço a quem vá escrever matérias baseadas em *qualis* é a mesma que dou para quem escreve sobre as *quantis*: tenha um contato estreito com o instituto e com os pesquisadores que realizaram o trabalho. Ouça a opinião e a interpretação que eles dão para os resultados. Mas apure para quem o trabalho foi feito e quais foram os objetivos. Não é raro o objetivo influenciar os resultados e as interpretações.

As pesquisas quantitativas têm como principal característica serem baseadas em processos estatísticos de amostragem representativos de uma determinada população. Com isso, é possível obter percentuais que podem ser projetados para toda a população, obedecendo-se aos limites impostos pelo método. São pesquisas que utilizam instrumentos de coleta padronizados e exploram as opiniões conscientes dos indivíduos formadas até o instante da entrevista. Um dos erros mais comuns na análise desse tipo de levantamento é o de projetar os resultados para o futuro ou desprezar a data em que foram realizados. É sobre esse tipo de pesquisa que irei me deter.

TEMPO

Os primeiros aspectos que devem ser relativizados ao analisar resultados de pesquisas são os relacionados ao tempo. Costumamos dizer que um número, um percentual, só adquire sentido quando comparado a outro. Por isso, o principal elemento a ser investigado em uma análise de pesquisa é a linha evolutiva. A comparação com resultados anteriores, a observação do espaço de tempo entre uma pesquisa e outra e a influência dos fatos ocorridos durante esse intervalo ajudarão a revelar o real significado do número mais recente.

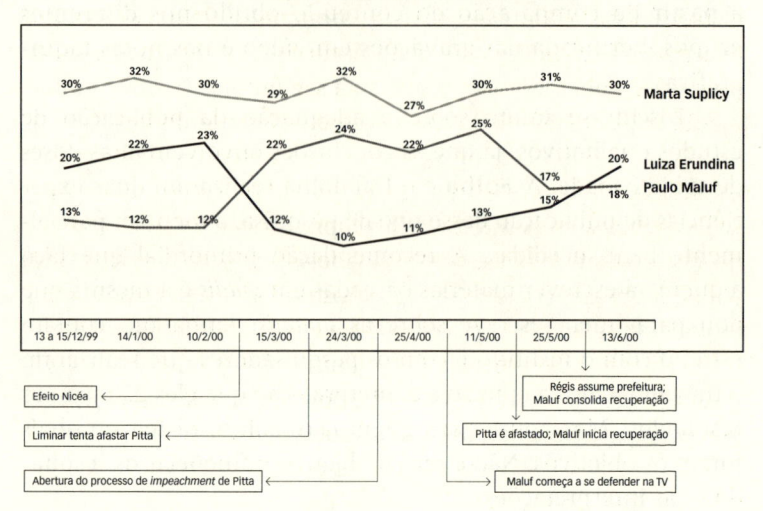

1985 – ELEIÇÃO PARA PREFEITO EM SÃO PAULO

Data	Marta Suplicy	Luiza Erundina	Paulo Maluf
13 a 15/12/99	30%	20%	13%
14/1/00	32%	22%	12%
10/2/00	30%	23%	12%
15/3/00	29%	22%	12%
24/3/00	32%	24%	10%
25/4/00	27%	22%	11%
11/5/00	30%	17%	13%
25/5/00	31%	15%	18%
13/6/00	30%	20%	18%

- Efeito Nicéa
- Liminar tenta afastar Pitta
- Abertura do processo de *impeachment* de Pitta
- Régis assume prefeitura; Maluf consolida recuperação
- Pitta é afastado; Maluf inicia recuperação
- Maluf começa a se defender na TV

 Outro aspecto importante é a distância entre a data de realização do campo e a data da divulgação dos resultados. Isso se torna ainda mais importante em disputas eleitorais acirradas, como a que estamos vendo, pois uma declaração infeliz de um candidato ou uma denúncia com ampla repercussão na mídia ocorridas entre a data do campo e a divulgação dos resultados têm a capacidade de modificar o quadro e tornar os resultados ultrapassados. Pesquisas divulgadas no mesmo dia podem ter resultados diferentes porque as datas de campo não coincidem.

 O período de realização da coleta de dados também deve ser levado em conta. Se o campo de uma pesquisa durou uma semana e, durante os trabalhos de coleta, ocorreu algum fato que pode ter influenciado a opinião pública, torna-se obrigatório que isso seja citado e considerado na reportagem, já que as entrevistas realizadas antes do fato não refletem sua repercussão. Esse cuidado torna-se especialmente importante após o início do horário eleitoral gratuito na TV e no rádio.

 Por esses fatores, o Datafolha opta por concentrar suas pesquisas eleitorais no menor espaço de tempo possível, muitas vezes em apenas um dia, e divulga seus resultados logo após o fechamento dos trabalhos. Neste ano, na maior parte das vezes, os resultados estão sendo divulgados no mesmo dia em que o campo é encerrado, através dos telejornais noturnos, e o detalhamento da pesquisa é publicado no jornal do dia seguinte. Isso torna a informação mais quente e dificulta a ação dos especuladores.

UNIVERSO
A abrangência da pesquisa deve sempre ser explicitada, para evitar distorções na análise. Os resultados só podem ser projetados para o universo representado na amostra. Para exemplificar, mesmo que uma pesquisa tenha sido feita em todas as capitais, não se pode afirmar que representa a opinião dos brasileiros. Aliás, é muito provável que não represente, pois os moradores do interior, em geral, avaliam determinados problemas de forma diferente daquela dos que residem em grandes centros urbanos.

Da mesma maneira, deve-se dar atenção à abrangência sociodemográfica. Para ser representativa, a pesquisa deve contemplar todas as camadas sociais. Se for realizada por telefone, por exemplo, deixará de contemplar aqueles que não têm acesso a esse bem e que, em geral, são pessoas de mais baixa renda, sem acesso a itens de conforto, e também têm uma visão de mundo diferenciada.

AMOSTRA
Ao analisar pesquisas quantitativas, é preciso ter em mente que são baseadas em processos de amostragem cujo princípio básico remete à praticidade e à economia: não é preciso entrevistar toda a população, mas apenas uma parte representativa dela, para investigar suas opiniões. Seguindo de forma criteriosa os métodos estatísticos, portanto, é possível representar com fidelidade o eleitorado brasileiro com apenas 2 mil entrevistas. A palavra-chave, portanto, para avaliar uma amostra é sua *representatividade*.

A maior parte das pesquisas de intenção de voto é feita por meio de amostras probabilísticas combinadas com o controle de cotas. Dessa forma, o pesquisador vai a campo com um número fixo de entrevistas a serem realizadas em determinados segmentos, de acordo com os critérios definidos pelo instituto. O Datafolha trabalha, com mais freqüência, cotando as entrevistas por sexo e idade a partir das proporções apuradas em órgãos públicos, controlando as demais variáveis, que são obtidas de forma aleatória. É claro que, entrevistando apenas parte do eleitorado, espera-se obter resultados apenas aproximados da realidade. Há limites estatísticos para a precisão, e ela não é milimétrica. Uma pesquisa é considerada estatisticamente precisa quando os resultados ficam próximos da margem de erro determinada pelo processo de amostragem. Esta é determinada pela relação entre número de entrevistas e tamanho do universo. As comparações de resultados de pesquisas de boca de urna feitas no Brasil com os resultados oficiais mostram precisão semelhante à observada na Europa e nos EUA, apesar das dificuldades representadas pela extensão territorial, pela impossibilidade de representação por amostragem telefônica e pela defasagem dos dados secundários fornecidos por órgãos oficiais.

MARGEM DE ERRO

O conceito de margem de erro, sempre utilizado na divulgação das pesquisas de intenção de voto, é o que costuma gerar mais dúvidas. Como disse, as pesquisas realizadas no Brasil não são, na maioria, probabilísticas puras. São levantamentos com cotas. O conceito de margem de erro aplica-se, rigorosamente, apenas às pesquisas totalmente probabilísticas (com sorteios sucessivos até chegar ao entrevistado). Com os resultados obtidos, considerando-se o nível de confiança do estudo, é possível traçar as curvas para cada resultado obtido. Se Lula, por exemplo, em uma amostra probabilística de 2.500 entrevistas, com nível de confiança de 95%, tem 37% das intenções de voto, a normal que determina o intervalo de confiança do percentual obtido pelo petista ficaria entre 35,11% e 38,89%. Já Garotinho, com 10%, teria um intervalo menor: entre 8,82% e 11,18%. Entretanto, para os levantamentos com cotas, ainda não foi desenvolvido um modelo consistente, de aplicação científica do conceito de margem de erro. Sabe-se que há erro (afinal, parte-se do princípio estatístico de desenho amostral), mas, por enquanto, é impossível mensurá-lo.

Por que então divulgar a margem de erro? Já que o modelo de aplicação para esse tipo de estudo ainda não existe, os institutos firmaram como convenção estender o conceito de margem de erro máxima das pesquisas probabilísticas puras para os levantamentos cotados. O objetivo é deixar claro, na divulgação dos números pela imprensa, que as taxas observadas nas amostras não são exatas, mas sim o reflexo de um intervalo em que se posiciona um fenômeno dentro do universo pesquisado (no caso, taxa de intenção de voto dos candidatos a presidente entre os eleitores brasileiros).

A margem de erro máxima é o maior intervalo possível, gerado por uma curva normal, segundo o percentual obtido em uma amostra. Quanto mais próximo de 50% se observar um evento, maior será o intervalo gerado por sua ocorrência. A margem de erro divulgada pelos institutos corresponde ao intervalo gerado pelos 50%, dentro de um nível de confiança de 95%. Assim, de posse dos dados de tamanho da amostra e do nível de confiança, é possível calculá-la antes da observação.

No quadro abaixo, temos uma tabela de referência para o cálculo prévio da margem de erro:

	MARGENS DE ERRO – POPULAÇÃO INFINITA											
Se a base é em torno de: (n)	Se as porcentagens estão em torno de: (p)											
	1	2	5	10	20	30	40	50	60	70	80	90	1/raíz(n)*
100	1,95	2,74	4,27	5,88	7,84	8,98	9,60	9,80	9,60	8,98	7,84	5,88	10,00
150	1,59	2,24	3,49	4,80	6,40	7,33	7,84	8,00	7,84	7,33	6,40	4,80	8,16
200	1,38	1,94	3,02	4,16	5,54	6,35	6,79	6,93	6,79	6,35	5,54	4,16	7,07
250	1,23	1,74	2,70	3,72	4,96	5,68	6,07	6,20	6,07	5,68	4,96	3,72	6,32
300	1,13	1,58	2,47	3,39	4,53	5,19	5,54	5,66	5,54	5,19	4,53	3,39	5,77
400	0,98	1,37	2,14	2,94	3,92	4,49	4,80	4,90	4,80	4,49	3,92	2,94	5,00
500	0,87	1,23	1,91	2,63	3,51	4,02	4,29	4,38	4,29	4,02	3,51	2,63	4,47
600	0,80	1,12	1,74	2,40	3,20	3,67	3,92	4,00	3,92	3,67	3,20	2,40	4,08
700	0,74	1,04	1,61	2,22	2,96	3,39	3,63	3,70	3,63	3,39	2,96	2,22	3,78
800	0,69	0,97	1,51	2,08	2,77	3,18	3,39	3,46	3,39	3,18	2,77	2,08	3,54
1.000	0,62	0,87	1,35	1,86	2,48	2,84	3,04	3,10	3,04	2,84	2,48	1,86	3,16
1.200	0,56	0,79	1,23	1,70	2,26	2,59	2,77	2,83	2,77	2,59	2,26	1,70	2,89
1.500	0,50	0,71	1,10	1,52	2,02	2,32	2,48	2,53	2,48	2,32	2,02	1,52	2,58
2.000	0,44	0,61	0,96	1,31	1,75	2,01	2,15	2,19	2,15	2,01	1,75	1,31	2,24
2.500	0,39	0,55	0,85	1,18	1,57	1,80	1,92	1,96	1,92	1,80	1,57	1,18	2,00
3.000	0,36	0,50	0,78	1,07	1,43	1,64	1,75	1,79	1,75	1,64	1,43	1,07	1,83
4.000	0,31	0,43	0,68	0,93	1,24	1,42	1,52	1,55	1,52	1,42	1,24	0,93	1,58
5.000	0,28	0,39	0,60	0,83	1,11	1,27	1,36	1,39	1,36	1,27	1,11	0,83	1,41
10.000	0,20	0,27	0,43	0,59	0,78	0,90	0,96	0,98	0,96	0,90	0,78	0,59	1,00

* aproxim. para margem máx. 50%
Margens calculadas considerando um nível de confiança de 95%

MARGENS DE ERRO – POPULAÇÃO FINITA				
Amostra:	800	Erro:	1,9940	(fórmula 1)
Percentual:	10	Erro:	1,9941	(fórmula 2)
Universo:	10.000			

ERRO NÃO-AMOSTRAL

O erro não-amostral, ao contrário do erro amostral, não pode ser calculado, mas é dever dos institutos desenvolver instrumentos e processos que visem diminuir ou eliminar a possibilidade desse tipo de ocorrência e de sua influência sobre os resultados finais das pesquisas. Pode-se apontar, como exemplos de erro não-amostral, problemas com dados secundários, com os procedimentos de campo e com os instrumentos de coleta.

Os dados secundários, aqueles que não são levantados pelos institutos, mas que, na maior parte dos casos, são fornecidos por órgãos oficiais, constituem base fundamental da etapa de planejamento das pesquisas. Qualquer diferença metodológica ou técnica ou falta de atualização na composição dessa base gera um viés significativo na fase inicial do processo operacional das pesquisas. Dados conflitantes entre TRE, TSE e IBGE, sem causas aparentes, deixam os institutos inseguros quanto à sua utilização. Para contornar o problema, no caso do Datafolha, o instituto monitora a cada levantamento alterações de perfil e distribuição do desenho amostral e as compara com informações disponíveis de diversas fontes. Tudo isso para garantir que os resultados a serem divulgados representem o universo estudado.

Os procedimentos de campo também são um importante fator a ser administrado pelos institutos. Quando uma equipe de pesquisadores e supervisores sai às ruas para a aplicação das entrevistas, tem que saber exatamente o que vai fazer e como vai fazer. O instituto deve transmitir às equipes a padronização de normas, para que todos os questionários sejam aplicados da mesma forma e com as mesmas diretrizes. O objetivo é garantir que os resultados não sofram influência de características pessoais e ambientais e que a técnica de elaboração das perguntas não se perca no momento da execução do trabalho. Para cada pesquisa, há uma instrução detalhada de procedimentos a serem adotados no campo, como horário de início da aplicação dos questionários, postura a ser adotada pelo pesquisador diante de vários acontecimentos, métodos de abordagem dos entrevistados e comandos de leitura para cada pergunta, entre outros. Numa pesquisa de abrangência nacional, por exemplo, o instituto deve garantir que determinada pergunta será aplicada da mesma forma, em sua integridade e finalidade, em todo o país, em cada município que compõe a amostra, do Sul ao Norte.

Além das instruções de procedimentos, há a elaboração e a formatação dos instrumentos de coleta dos dados. Elas devem seguir três premissas: adequação, objetividade e isenção. O instrumento deve ser o mais adequado para levantar a informação que se pretende obter, o mais adequado para as condições que o pesquisador encontrará no campo, o mais adequado para abordar o objeto de estudo, sem com isso influenciar ou direcionar a opinião e o comportamento dos entrevistados. Como exemplo, têm-se as urnas de coleta do voto nas pesquisas de boca de urna, os aparelhos de *peoplemeter* nos levantamentos de audiência de TV e os *netmeters* na internet.

Há alguns anos, nada era mais adequado para saber em qual candidato um eleitor havia votado do que pedir que ele repetisse em uma cédula de papel, numa réplica da urna de lona, exatamente o que ele havia feito dentro da seção eleitoral. Agora, com a urna eletrônica, o instrumento de pesquisa de boca de urna passa a ser um questionário, tradicional (já que, por enquanto, é impossível a operação com réplicas eletrônicas), mas com uma diferença significativa: pergunta-se qual o número, e não o nome, do candidato que o eleitor digitou na urna para efetivar seu voto. Sobre a formatação e a elaboração de questionários, o mais comum instrumento de coleta de dados em pesquisas, falaremos agora, estendendo-nos um pouco mais por causa de sua grande importância.

QUESTIONÁRIO
O segredo de uma pesquisa bem-feita é o controle que o instituto exerce sobre todas as etapas do processo: do planejamento à análise dos dados. Mas uma fase específica merece atenção especial: a elaboração do questionário.

O questionário é o contato direto e definitivo do instituto com o entrevistado. Se sua estrutura não estiver muito bem amarrada e adequada aos objetivos do estudo e se alguma pergunta estiver fora de lugar, por exemplo, todo trabalho pré e pós-campo poderá ser comprometido. Ao analisar os resultados de uma pesquisa, é fundamental observar como a pergunta foi feita, a linguagem aplicada, se foram apresentadas ou não alternativas ao entrevistado, a forma com que essas alternativas foram apresentadas e ainda se não existiam informações em perguntas anteriores que pudessem interferir nas respostas fornecidas.

Em geral, o questionário deve ser claro, objetivo, coeso e isento. A linguagem utilizada na formulação das perguntas deve ser acessível para todos os conjuntos e estratos que compõem o universo a ser estudado. Enunciados de perguntas devem ser curtos, para facilitar a compreensão, não cansar os entrevistados e gerar respostas fiéis à realidade. O objetivo do levantamento deve ser a linha condutora da entrevista, as perguntas devem seguir parâmetros técnicos de formulação, e o pesquisador, ao elaborá-las, deve fazê-lo com isenção e distanciamento.

As perguntas podem ser abertas ou fechadas e exigir respostas espontâneas ou estimuladas, únicas ou múltiplas. As respostas estimuladas são fornecidas mediante a apresentação de alternativas por parte dos pesquisadores aos entrevistados. As perguntas de intenção de voto que fornecem os resultados das pesquisas eleitorais são geralmente estimuladas e únicas. Os pesquisadores mostram ao entrevistado um cartão circular com os nomes dos

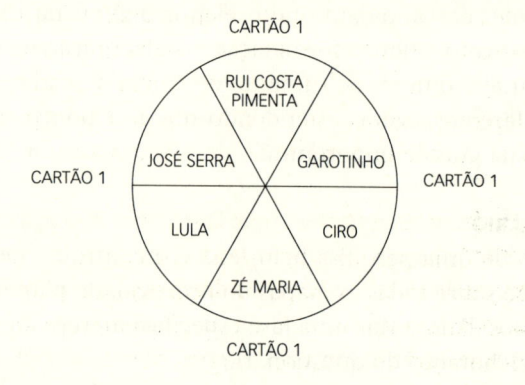

CARTÃO 1

CARTÃO 1 — RUI COSTA PIMENTA / JOSÉ SERRA / GAROTINHO / LULA / CIRO / ZÉ MARIA — CARTÃO 1

CARTÃO 1

candidatos, e o eleitor aponta uma única opção. O cartão é circular para não favorecer algum candidato.

A ordem das perguntas também é de extrema importância. Neste ano mesmo, tivemos um episódio em que um questionário de outro instituto trazia, antes da pergunta de intenção de voto para presidente, questões sobre casos de corrupção que envolviam um partido forte na disputa presidencial. Mesmo aqueles que nada sabiam sobre o caso ficariam informados por conta da formulação da pergunta e partiriam para a intenção de voto com a influência dessa informação. Nas pesquisas eleitorais do Datafolha, as perguntas de intenção de voto são as primeiras do questionário, justamente para evitar a influência de qualquer outra informação que o entrevistado possa captar ao longo da entrevista. Alguns institutos, porém, costumam colocar perguntas para "aquecimento" antes de aplicar a intenção de voto. É um procedimento aceitável, desde que o enunciado não produza informações que possam beneficiar ou prejudicar alguma alternativa que será apresentada na pergunta posterior.

MÉTODO DE ABORDAGEM

Outro ponto a ser observado na análise de pesquisas é o método de abordagem. O meio que o instituto utiliza para entrar em contato com o entrevistado fornece indícios do quanto o estudo é representativo do universo que ele pretende observar.

As entrevistas pessoais e domiciliares constituem o método tradicional e o mais utilizado pelos institutos de pesquisa no Brasil. Há, porém, alguns pontos cuja viabilidade vem sendo discutida nos últimos anos. O campo domiciliar, em geral, é demorado: uma pesquisa nacional leva, pelo menos, três dias para ser executada. Além disso, os institutos encontram problemas para completar a amostra porque, com o advento da violência urbana, a dificuldade de acesso aos condomínios de luxo e às favelas é crescente.

O método mais utilizado pelo Datafolha é o *intercept*, que consiste na abordagem do entrevistado nas ruas, em pontos de pequeno fluxo de pessoas. No caso das pesquisas eleitorais, por exemplo, são sorteados, dentro das unidades da Federação, os municípios que farão parte da amostra, segundo o número de eleitores de cada um. Depois, por meio de sorteios sucessivos, chega-se a um bairro, a um quadrante, a uma rua e ao eleitor, que é abordado no local. O método *intercept* é mais rápido, permite que uma pesquisa de abrangência nacional seja realizada em apenas um dia, mas demanda um controle rigoroso de perfil da amostra. O Datafolha mantém e atualiza há 20 anos um banco de pontos com classificação socioeconômica e demográfica das pessoas que circulam por várias ruas de quase todas as cidades do país.

As pesquisas feitas por telefone ou internet no Brasil ainda devem ser vistas com ressalvas. Quando divulgadas, elas necessariamente devem revelar que esses foram os meios utilizados para coleta, porque ambos não têm ainda cobertura suficiente para representar todos os estratos da sociedade. Nos países desenvolvidos, entretanto, é possível desenhar uma amostra de população considerando o telefone como método de abordagem. Neles, quase toda a população tem acesso ao serviço. Aqui, quando se faz uma pesquisa por telefone, é necessário dizer que as respostas levantadas referem-se às opiniões dos que possuem telefone em casa. Esses dados não podem ser extrapolados para o total da população ou do eleitorado.

Neste ano, uma revista de grande circulação causou alvoroço no mercado financeiro ao divulgar que o candidato do governo estava na frente do candidato da oposição na corrida presidencial. Só esqueceu de avisar que a pesquisa que serviu de base para a informação tinha sido feita por telefone, o que pressupõe um universo mais abastado se comparado ao total dos eleitores.

Com a internet, é pior. A cobertura do meio é ainda muito restrita, e as facilidades que ele oferece para um contato direto com os usuários acabam estimulando pessoas que muitas vezes não dominam as técnicas de pesquisa a arriscar enquetes que depois são divulgadas e repercutem como levantamentos científicos. Se por telefone ainda se pode chegar ao universo dos que possuem o aparelho, pela internet, para chegar a uma amostra de usuários da rede, há a necessidade de um levantamento prévio do perfil desse universo e, posteriormente, um controle rigoroso do perfil e da identidade dos respondentes.

ANÁLISE E INTERPRETAÇÃO

Além de garantir a aplicação dos parâmetros científicos ao longo do processo de realização das pesquisas, o instituto também deve ser responsável pelo direcionamento da análise dos dados. De nada adianta seguir e observar os aspectos técnicos que vimos até aqui se, no final, o analista não consegue comunicar os resultados e explicá-los.

É fundamental um relatório que pontue os principais resultados, com argumentos baseados nos números da pesquisa, em dados secundários e conjunturais. O cruzamento dessas informações nem sempre está nítido, dependendo de um trabalho prévio de planejamento da tabulação das perguntas e de uma sintonia constante com fatos de repercussão, que podem influenciar a opinião dos entrevistados e conseqüentemente os resultados das pesquisas.

Alguns exemplos: em 1994, pelo gráfico de evolução da corrida presidencial daquele ano, nota-se que o então candidato do governo, Fernando Henrique Cardoso, só conseguiu ultrapassar o primeiro colocado, Lula, depois do lançamento do Plano Real, em julho. Na reeleição, em 1998, Fernando Henrique liderou a disputa do início ao fim, mas houve determinado momento em que quase foi ultrapassado pelo petista. Uma combinação de fatores, que incluíam desde a seca no Nordeste, passando por crises econômicas internacionais, até a interpretação de que o presidente havia chamado aposentados de "vagabundos", fez com que o tucano despencasse nas intenções de voto. Neste ano [2002], uma boa ilustração dessas análises foi a queda de Roseana Sarney após as suspeitas de corrupção envolvendo uma empresa da família, a Lunus.

Evolução da intenção de voto para presidente - 1994
(Resposta estimulada e única, em %)

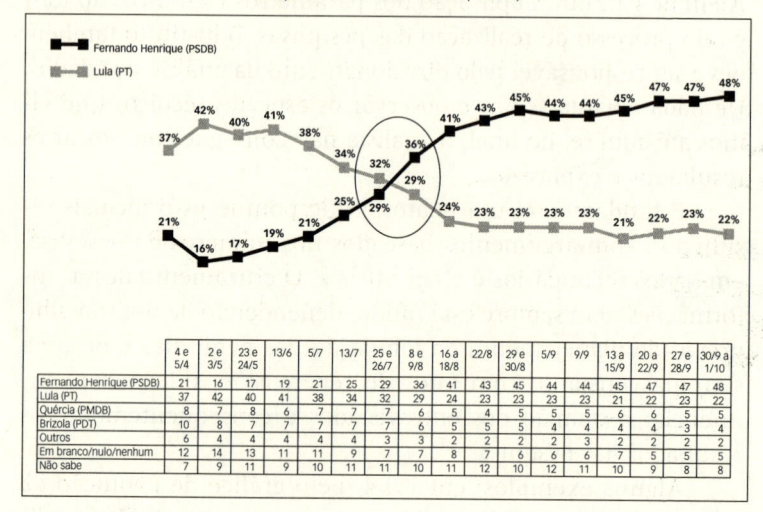

- Fernando Henrique (PSDB)
- Lula (PT)

Fernando Henrique (PSDB): 37%, 42%, 40%, 41%, 38%, 34%, 36%, 41%, 43%, 45%, 44%, 44%, 45%, 47%, 47%, 48%
Lula (PT): 21%, 16%, 17%, 19%, 21%, 25%, 29%, 32%, 29%, 24%, 23%, 23%, 23%, 23%, 21%, 22%, 23%, 22%

	4 e 5/4	2 e 3/5	23 e 24/5	13/6	5/7	13/7	25 e 26/7	8 e 9/8	16 a 18/8	22/8	29 e 30/8	5/9	9/9	13 a 15/9	20 a 22/9	27 e 28/9	30/9 a 1/10
Fernando Henrique (PSDB)	21	16	17	19	21	25	29	36	41	43	45	44	44	45	47	47	48
Lula (PT)	37	42	40	41	38	34	32	29	24	23	23	23	23	21	22	23	22
Quércia (PMDB)	8	7	8	6	7	7	7	6	5	4	5	5	5	6	6	5	5
Brizola (PDT)	10	8	7	7	7	7	7	6	5	5	5	4	4	4	4	3	4
Outros	6	4	4	4	4	4	3	3	2	2	2	2	3	2	2	2	2
Em branco/nulo/nenhum	12	14	13	11	11	9	7	7	8	7	6	6	6	7	5	5	5
Não sabe	7	9	11	9	10	11	11	10	11	12	10	12	11	10	9	8	8

Fonte: Em 2002, haverá eleições para presidente da República. Se a eleição fosse hoje e os candidatos fossem estes, em quem você votaria?
Base: Brasil

Evolução da intenção de voto para presidente - 1998
(Resposta estimulada e única, em %)

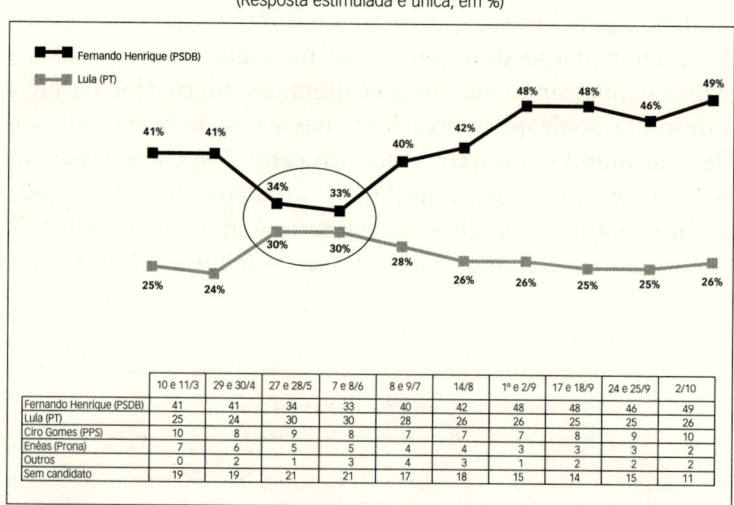

- Fernando Henrique (PSDB)
- Lula (PT)

Fernando Henrique (PSDB): 41%, 41%, 34%, 33%, 40%, 42%, 48%, 48%, 46%, 49%
Lula (PT): 25%, 24%, 30%, 30%, 28%, 26%, 26%, 25%, 25%, 26%

	10 e 11/3	29 e 30/4	27 e 28/5	7 e 8/6	8 e 9/7	14/8	1º e 2/9	17 e 18/9	24 e 25/9	2/10
Fernando Henrique (PSDB)	41	41	34	33	40	42	48	48	46	49
Lula (PT)	25	24	30	30	28	26	26	25	25	26
Ciro Gomes (PPS)	10	8	9	8	7	7	7	8	9	10
Enéas (Prona)	7	6	5	5	4	4	3	3	3	2
Outros	0	2	1	3	4	3	1	2	2	2
Sem candidato	19	19	21	21	17	18	15	14	15	11

Fonte: Em 2002, haverá eleições para presidente da República. Se a eleição fosse hoje e os candidatos fossem estes, em quem você votaria?
Base: Brasil

Evolução da intenção de voto para presidente - com Roseana - 2002
(Resposta estimulada e única, em %)

	14/12/01	3 e 4/02	20 e 21/2/02	12/3/02	9/4/02
Lula (PT)	33%	30%	27%	26%	31%
José Serra (PSDB)	7%	8%	12%	19%	19%
Garotinho (PSB)	12%	12%	14%	16%	15%
Roseana Sarney (PFL)	21%	22%	24%	16%	13%
Ciro Gomes (PPS)	12%	11%	10%	9%	10%
Enéas (Prona)	3%	2%	3%	3%	2%
Em branco/nulo/nenhum	8%	9%	6%	7%	6%
Não sabe	5%	5%	5%	5%	6%

Fonte: Em 2002, haverá eleições para presidente da República. Se a eleição fosse hoje e os candidatos fossem estes, em quem você votaria?
Base: Brasil

Quando as pesquisas são divulgadas pela imprensa, a responsabilidade é ainda maior. Há, nesses casos, a necessidade de uma relação próxima do analista com o jornalista que vai editar ou escrever a matéria. Entre Datafolha e **Folha**, ao longo do tempo, essa relação se intensificou e hoje é um diferencial importante para as duas empresas. Tanto o Datafolha se adaptou às características inerentes de um jornal diário, quanto a **Folha** se tornou o veículo que melhor divulga pesquisas no país.

Talvez os exemplos mais notórios dessa proximidade tenham ocorrido nas eleições para presidente em 1989 e para governador de São Paulo em 1998. Em 1989, o instituto foi o único a dizer, graças à sua pesquisa de boca de urna, que Lula seria o adversário de Collor no segundo turno. Apesar de todos os outros veículos e institutos não terem apontado um nome, já que neles os resultados mostravam um empate entre Brizola e Lula, **Folha** e Datafolha resolveram bancar o dado, e o jornal saiu com a manchete de que o petista enfrentaria o candidato do PRN no pleito final.

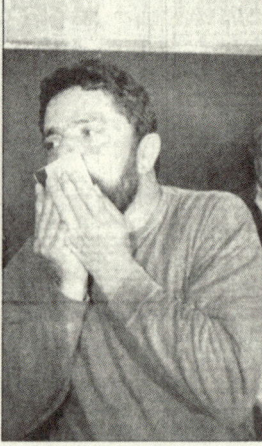

Em 1998, Maluf liderava o primeiro turno da disputa para o governo de São Paulo. Em segundo lugar, empatados, apareciam Mário Covas e Francisco Rossi. Na quarta posição, estava Marta Suplicy. Essa situação manteve-se até a última semana antes da eleição, quando o Datafolha captou um crescimento gradativo de Marta depois de um debate na TV. Na pesquisa de véspera, Marta ficou tecnicamente empatada com os outros dois candidatos que apareciam em segundo, Rossi e Covas. Mas o instituto percebeu que a petista, apesar de estar numericamente atrás dos outros dois, levava vantagem principalmente sobre Rossi, porque seus eleitores sabiam muito mais o seu número para digitá-lo na urna eletrônica do que os eleitores do concorrente. O relatório do Datafolha trazia essas informações e a **Folha** as estampou na capa do caderno Eleições, chamando a atenção para o fato de que o adversário de Maluf no segundo turno estava indefinido e que Marta também tinha chances.

ADVERSÁRIO DE MALUF NO SEGUNDO TURNO ESTÁ INDEFINIDO

Rossi, Covas e Marta brigam pela vaga

Pesquisa Datafolha realizada a dois dias da eleição para governador de São Paulo mostra que a disputa pelo segundo lugar continua. Francisco Rossi (PDT), Mário Covas (PSDB) e Marta Suplicy (PT) encontram-se empatados tecnicamente. Paulo Maluf lidera com 31% das intenções de voto, seguido por Rossi, com 18%, Covas, com 17%, e Marta, com 15%. O candidato do PMDB, Orestes Quércia, obtém 6%. Não têm candidato 11% dos eleitores.

Considerando-se a margem de erro do levantamento (dois pontos percentuais), é impossível apontar com segurança o adversário do pepebista para o segundo turno. Comparando-se com pesquisa anterior, nota-se que os três candidatos que concorrem à vaga oscilaram positivamente um ponto percentual.

Nos votos válidos, Maluf fica com 35%, Rossi consegue 21%, Covas 19%, e Marta 17%. Na intenção de voto espontâneo, o pepebista é lembrado por 25%, e o atual governador é mencionado por 15%, Rossi, nesse caso, obtém 14%, e Marta, 11%. Caso o segundo turno fique entre Maluf e Rossi, o ex-prefeito de São Paulo teria 45%, contra 43% do pedetista. Se o confronto fosse com Covas, essas taxas corresponderiam a 48% e 40%, respectivamente. Já, se a adversária de Maluf fosse Marta, o pepebista teria 49%, e a petista, 40%. Em relação à pesquisa anterior, nota-se uma queda na diferença das taxas de Maluf para as de seus possíveis concorrentes.

DETALHES DEFINEM O SEGUNDO FINALISTA

Desempenho dos eleitores na urna eletrônica pode fazer a diferença

Em cerca de 77% dos municípios do Estado de São Paulo, a votação será realizada por meio de urnas eletrônicas. Para poder concretizar a intenção de voto, o eleitor deverá digitar o número de seu candidato a governador depois de ter escolhido os deputados federais e estaduais e o presidente da República.

Com isso, torna-se importante observar a taxa de conhecimento dos números dos principais candidatos ao governo de São Paulo, para cogitar a probalidade de eventuais erros no momento do voto.

Trecho do relatório enviado pelo Datafolha à Redação da **Folha de S.Paulo** *em outubro de 1998*

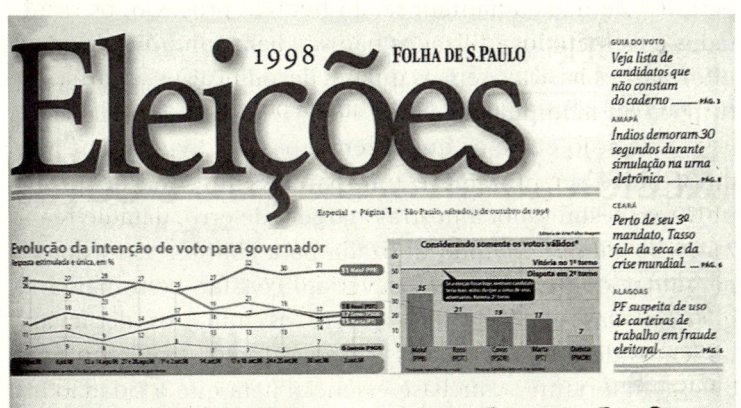

CONCLUSÃO

As pesquisas constituem, sem dúvida, um importante instrumento de consolidação do Estado democrático. A opinião pública legitima as instituições e o exercício de suas faculdades. A população é abordada, é ouvida e recebe de volta a informação. Esse é o estímulo que dita o trabalho da maioria dos pesquisadores no Brasil.

Mas, se por um lado a consciência dessa importância das pesquisas de opinião nos mais diversos cenários do país encontra solo fértil para se desenvolver, por outro é crescente sua utilização para fins questionáveis, que acabam contrariando os princípios que regem a atuação do setor internacionalmente.

No Brasil, muito se avançou na regulamentação da atividade, principalmente na legislação eleitoral. Há, porém, um caminho extenso, ainda a ser percorrido, no que se refere ao monitoramento da divulgação dos dados e das conseqüências de sua repercussão. Os veículos de comunicação devem participar do debate, até porque constituem o elo final dessa cadeia de propagação.

Toda a cautela e o rigor de um instituto no controle das variáveis que compõem as etapas operacionais de uma pesquisa de nada adiantam se, ao final do processo, os resultados e os métodos utilizados não são bem comunicados. São informações básicas, sem as quais a decodificação se torna deturpada ou manipulável.

A relação entre os que fazem e os que divulgam as pesquisas deve ser próxima e transparente. Informações como universo pesquisado, amostra, margem de erro, data de realização do campo, método utilizado para abordar as pessoas e perguntas que foram feitas deveriam constar, com mais freqüência, das matérias que trazem os números de levantamentos de opinião. O acesso a esses tópicos constitui uma defesa importante, uma base essencial para que o cidadão interprete os números de forma correta e completa.

Os problemas de ruído que já aconteceram no trâmite dessa cadeia de comunicação surtiram arranhões expressivos na imagem dos institutos. Em São Paulo, por exemplo, o

Datafolha realizou com os eleitores da cidade duas pesquisas que tinham o mesmo objetivo: verificar a credibilidade dos institutos de pesquisa. A primeira foi feita em março de 1994, e a segunda, em novembro de 2001. Em ambos os casos, foram entrevistadas cerca de mil pessoas em pontos de fluxo populacional.

Em 1994, 25% dos entrevistados diziam que confiavam muito nas pesquisas eleitorais. Em 2001, essa taxa caiu para apenas 11%. Em 1994, 16% diziam que os institutos manipulavam os números. Em 2001, esse índice subiu para 30%. A margem de erro é de três pontos para mais ou para menos.

RAZÕES PELAS QUAIS CONSIDERA AS PESQUISAS ELEITORAIS NÃO CONFIÁVEIS
(RESPOSTA ESPONTÂNEA E MÚLTIPLA)

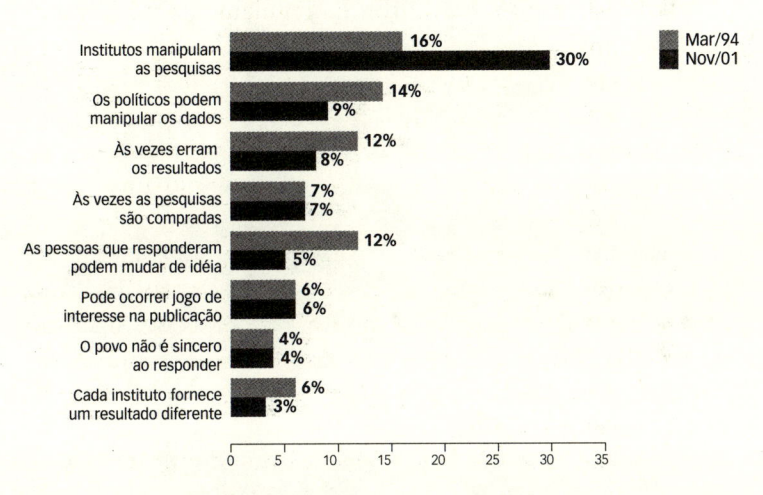

	Mar/94	Nov/01
Institutos manipulam as pesquisas	16%	30%
Os políticos podem manipular os dados	9%	14%
Às vezes erram os resultados	8%	12%
Às vezes as pesquisas são compradas	7%	7%
As pessoas que responderam podem mudar de idéia	5%	12%
Pode ocorrer jogo de interesse na publicação	6%	6%
O povo não é sincero ao responder	4%	4%
Cada instituto fornece um resultado diferente	3%	6%

GRAU DE CONFIANÇA NAS PESQUISAS ELEITORAIS
(RESPOSTA ESTIMULADA E ÚNICA)

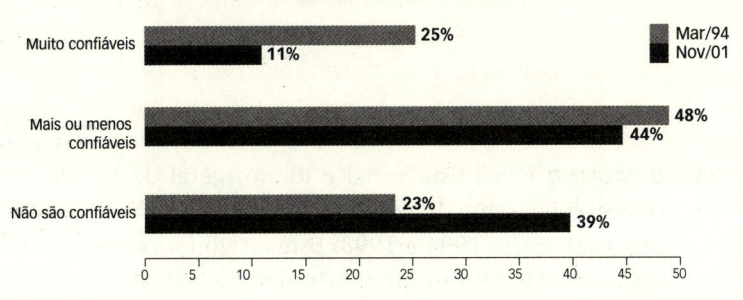

	Mar/94	Nov/01
Muito confiáveis	25%	11%
Mais ou menos confiáveis	48%	44%
Não são confiáveis	23%	39%

Resultados como esses reforçam a necessidade de um dimensionamento dos critérios para divulgação de pesquisas, com a responsabilidade sendo compartilhada por veículos e institutos, para que o eleitor/cidadão não continue com a impressão de que há má-fé e de que alguém leva algum tipo de vantagem com tudo isso. Enquanto essa imagem persistir em uma parcela da população, a instituição de pesquisa, com sua valiosa contribuição à democracia, estará prejudicada, sem poder ser utilizada em sua plenitude.

MAURO PAULINO é cientista social e diretor-geral do Datafolha desde 1998. Foi gerente de pesquisas de opinião pública e mercado de jornais entre 1994 e 1998. Este artigo foi escrito com a colaboração de Alessandro Janoni Hernandes.

A LEITURA COM OLHOS FECHADOS DAS PESQUISAS ELEITORAIS
Paulo de Tarso da Cunha Santos

Sem ser especialista em pesquisa de opinião pública nem jornalista, tive a honra de participar da aula sobre esses temas na Cátedra de Jornalismo Octavio Frias de Oliveira. Sou publicitário e, a partir de 1982, passei a ser especializado em campanhas eleitorais. Sou, portanto, usuário de pesquisas eleitorais e crítico de coberturas jornalísticas de campanhas eleitorais há anos. Foi nessa condição que falei a respeito desses temas, com foco especial nas eleições de 2002, que tanto mudaram o Brasil.

Ao meu lado, participaram do evento dois craques das pesquisas eleitorais no Brasil: Orjan Olsen e Mauro Paulino. Aqui neste livro, como lá no auditório, deixo para eles os aspectos técnicos da elaboração de pesquisas para me deter na sua análise e utilização em campanhas eleitorais.

Pesquisas eleitorais, qualitativas ou quantitativas, quando não realizadas para divulgação e sim para apoio de decisões de campanha, devem cumprir prioritariamente duas tarefas. E, pasmem, nem sempre isso acontece:
- produzir diagnósticos claros, verdadeiros e abrangentes sobre a conjuntura político-eleitoral;
- detectar oportunidades eleitorais.

No cumprimento da primeira tarefa, as falhas, quando acontecem, são indesculpáveis. Normalmente ocorrem quando as pesquisas são produzidas pelo que chamo de "institutos *prêt-à-porter*", que realizam levantamentos com base em questionários padronizados, alegando a necessidade do acompanhamento permanente de certas tendências na opinião pública. Chamo esta técnica de *copy and paste*, numa alusão ao recurso de aproveitar um velho documento arquivado em computador, com o instituto utilizando um questionário que já existe em seus bancos de dados e acrescentando, no máximo, quatro ou cinco novas questões para atender às necessidades do novo cliente. Já recebi questionários para aprovação com erros primários de *copy and paste* em que o nome do antigo cliente ainda aparecia em algumas questões, ou ainda com nomes de cidades e de Estados errados.

A comunicação política *prêt-à-porter* faz parte da adolescência de nosso processo de aprendizado de marketing político. Teve seu auge nas eleições para governador de 1998, quando se criaram "grifes" publicitárias para utilização simultânea em várias campanhas. O resultado foi desastroso, com alto índice de derrotas e a comprovação da impossibilidade de adotar esse tipo de modelo. Nesse sentido, fica evidente que cada campanha eleitoral tem sua própria história, e sua estratégia publicitária depende de seu contexto político.

Inteligência em planejamento estratégico de comunicação para processos eleitorais e em desenvolvimento de comunicação política sempre foi e sempre será um produto exclusivo, que exige reflexão específica e que, embora algumas vezes repita fórmulas, exige experiência de quem está no comando. A estratégia política é sempre resultado de cenários em transformação. Alta-costura, portanto, nunca moda para consumo.

A análise de cenários políticos antes do processo eleitoral e durante ele é o momento mais importante de uma campanha. As premissas, os pontos de partida e as correções de rumo são a base de todo o trabalho. Quando se erra nisso, erra-se em tudo. O especialista em marketing político norte-americano Joe Napolitan, responsável pela campanha de John Kennedy à Presidência dos EUA, entre outras, diz com toda a clareza: "Uma má campanha pode não derrotar um candidato, mas uma má estratégia com certeza o derrotará". É aí que entram as pesquisas: uma boa estratégia tem como espinha dorsal uma coleta criteriosa e uma análise adequada de informações. Sem isso, uma campanha não sobrevive.

Vamos ao segundo ponto. O termo "oportunidade eleitoral" está sendo usado aqui como sinônimo de um termo muito utilizado pelo marketing de produto: "oportunidades de mercado".

A adaptação é mais do que adequada. Oportunidades eleitorais são nichos de eleitores, nichos de discurso, descobertas de argumentos, possibilidades de projetos e propostas que preencham as expectativas da população e que possam produzir ações de comunicação. Enfim, tudo o que a intuição e a experiência dos profissionais de comunicação de campanha possam retirar das informações levantadas.

Até aqui, poucas novidades. Todo esse conteúdo faz parte do dia-a-dia do profissional de campanhas políticas. Como dizemos, são as *commodities* eleitorais.

Uma análise adequada de cenário produz a descoberta de oportunidades corretas. As boas oportunidades resultam em boa comunicação.

A simplicidade do raciocínio é o que complica tudo. As campanhas eleitorais estão se sofisticando mais e mais, adquirindo instrumentos de aferição cada vez mais rápidos, sendo capazes de monitorar minuto a minuto o resultado de suas ações, e ainda assim muitas delas condenam seus candidatos a uma verdadeira "UTI eleitoral" e finalmente à morte, em caso de derrotas acachapantes.

Quanto mais se complicam as ferramentas de análise do cenário político, mais os profissionais, aparentemente, assumem papéis mais importantes no processo. E no ar persiste a pergunta sempre feita por estudantes, leigos e jornalistas, palestra a palestra, entrevista a entrevista: "Você transforma candidato em produto? A maquiagem das campanhas eleitorais não induz a uma falsificação da verdade?"

A questão por trás de tudo isso é outra: o marketing eleitoral utiliza um conjunto de técnicas que diminuem a margem de erro dos projetos eleitorais e aumentam sua chance de êxito. Sim, isso é verdade. Uma má campanha pode derrotar um candidato. Sim, isso também é verdade. São muitos os exemplos conhecidos em eleições recentes. Mas também é verdade que a melhor das campanhas pode não eleger um candidato. A melhor campanha, definitivamente, não é suficiente. E, mesmo assim, houve um momento em que se consolidava no Brasil a idéia de que o marketing eleitoral poderia assumir o papel de protagonista nas campanhas eleitorais. Que truques, técnicas e genialidades individuais na comunicação de uma candidatura poderiam substituir sua inserção política na sociedade. Pura ilusão.

As eleições de 2002 deixaram claro como a luz que o marketing eleitoral definitivamente não pode substituir a política. Não ocupa seu lugar. Recebe ordens da política, e não dita ordens. E que o trabalho correto, definitivamente, é transformar essas ordens em produtos de comunicação bonitos, criativos, que emocionem e convençam.

Não estamos tratando aqui do dilema do ovo e da galinha. De quem nasceu primeiro, o marketing político ou a política. De quem subordina quem. Nesse caso, a resposta não deixa margem à dúvida: a conjuntura política é que define os caminhos táticos e estratégicos.

No caso do Brasil, onde a legislação assegura um grande espaço para a política nos meios de comunicação, a campanha em si é um fato político.

Mas quem manda nas campanhas é a política. E, quando os profissionais de marketing eleitoral não levam isso em consideração, são levados ao erro, realizando campanhas "autorais" em que o candidato se torna coadjuvante da sua própria candidatura. Quando o candidato e os políticos envolvidos em seu projeto aceitam esse jogo e deixam isso acontecer, o erro se repete e se repete, dia após dia, na campanha. E, quando isso acontece, o resultado final é a derrota.

À luz dessa idéia básica, de que as candidaturas são construídas politicamente com base na sua representatividade, na sua inserção na sociedade, nas alianças que são capazes de criar, no poder que são capazes de amealhar, no seu passado e no que representam como proposta de futuro, é que se deve construir a comunicação de um projeto político.

Costuma-se dizer que ganhar ou perder faz parte dos processos eleitorais, mas que os profissionais de marketing político competentes devem garantir que seus candidatos saiam sempre de uma eleição melhor do que entraram, ou seja, mais perto de uma vitória num próximo pleito.

Nem sempre isso acontece. Não raro, candidatos saem de eleições com as carreiras muito prejudicadas ou até encerradas, devido ao acúmulo de erros cometidos nas campanhas.

Quando isso acontece, certamente, é porque a leitura das condições políticas foi errada. Os estrategistas perderam o pé construindo para si um elenco de verdades virtuais. Justamente aqueles que têm acesso a uma enorme quantidade de informações caíram nesse erro e comunicaram sua verdade virtual diante de toda a nação. Ninguém entendeu nada. Faltou, como dizia o jogador Garrincha, "combinar" com o eleitorado. Quando se trabalha uma campanha com base em verdade virtual, não há comunicação com a sociedade. O candidato, enfim, fala para sua equipe. Ou seja, para ninguém.

Não há mágica nem genialidade capazes de salvar uma campanha que trabalhe com uma leitura errada da realidade. E aí voltamos novamente às pesquisas: ler informações de pesquisa ao pé da letra e simplesmente transformar essa leitura em produtos de comunicação é insuficiente. O processo é muito mais sofisticado, e o trabalho do profissional de marketing eleitoral envolve outras variáveis, que são prospectadas em outros setores. E que devem ser somadas. Para não falar da intuição e da capacidade de comando dos próprios políticos/candidatos, que devem ser capazes de interromper processos equivocados e recolocar politicamente as coisas no lugar.

É possível fazer uma análise concreta do que estamos afirmando utilizando como exemplo a campanha presidencial de 2002, que levou Luiz Inácio Lula da Silva à Presidência da República, com a derrota do candidato da situação, o ex-ministro José Serra.

Desde a pré-campanha, realizada em condições difíceis para a candidatura governamental, por conta da baixa aprovação do governo federal, falsas verdades foram se acumulando e se transformando em raciocínios-padrões, que se repetiram continuamente, transformando por completo o resultado do pleito.

Num primeiro momento, estabeleceu-se por princípio que o "abraço" do presidente FHC em seu candidato seria o "abraço da morte". Com isso, afastou-se, a princípio, qualquer possibilidade de a candidatura do governo estabelecer um diálogo com um mínimo de credibilidade com o eleitorado.

A leitura que levou a essa conclusão foi medíocre. Avaliações laterais de pesquisas, voltadas para índices de aprovação do presidente Fernando Henrique e seus atributos (qualidades, realizações etc.), poderiam até ter mostrado o contrário. Mas nem isso seria necessário. Bastava olhar criticamente para a realidade para ver que era óbvio (ou não era?) que a sociedade, o eleitorado, esperava do governo federal, no mínimo, uma prestação de contas com começo, meio e fim, pois só assim seria possível propor um novo começo, uma nova esperança, uma perspectiva de futuro.

Não se constrói um caminho sem história. Tentar fazer isso é tratar o eleitorado com desprezo. E foi justamente o que acabou sendo feito.

Quem assistia à campanha tinha a impressão de que a história brasileira se iniciaria com a vitória da candidatura oficial. E de que todo o passado era legado a ser esquecido, contaminante e perigoso. Admitia-se, em última instância, a falência de todo o projeto de continuidade.

Indo além, a leitura sem talento das pesquisas constatou outra vez o óbvio. A principal demanda da população era por empregos. Simples, aplicou-se a fórmula: demanda = empregos, oferece-se + emprego; + proposta de governo + demanda. Resultado: damos a eles o que eles querem = eficiência = vitória.

Essa principal demanda foi transformada em mote de campanha, ancorado por artistas – que são, em última análise, empregados –, imaginando que a simples exposição à mídia se transformaria em credibilidade. Tudo dentro da regra, dentro do figurino. O único problema foi que simplesmente não funcionou.

Aceito desde já que é muito mais fácil ser o crítico da derrota alheia do que o artífice da própria vitória. Eu mesmo já vivi essa experiência.

Do lado da oposição, tivemos uma campanha bem executada, com foco claro na diminuição da rejeição do candidato, que chegou à vitória.

Durante todo o processo, o eleitorado mostrou sua preferência pela "mudança". E mostrou que buscava opções opostas ao governo, mas não se fixando de imediato na candidatura de Lula. De novo, para enfrentar essa questão, aplicou-se a fórmula: eles = querem mudança = nós = cunhamos frase com a palavra mudança. Resultado = eficiência = vitória.

Mas a população buscava uma mudança substantiva, não adjetiva. Que poderia até vir da candidatura oficial, desde que essa proposta não representasse apenas palavras, mas fosse coerente com sua história e com seu projeto.

Venceu a campanha que realizou a leitura da realidade mais correta. Que respeitou o eleitor e a política. E que também somou conteúdos históricos construídos pelo PT durante seus 21 anos de existência, que tornaram sua proposta de mudança substantiva, e não apenas retórica. No final, o que vimos foi uma barbada, um jogo quase sem adversários, uma vez que o principal time do outro lado resolveu jogar como se fosse estreante.

Todas as vitórias e todas as derrotas eleitorais podem ser explicadas dessa forma. Não há nenhuma dúvida de que o fenômeno mais importante acontecido no Brasil dos últimos anos foi o amadurecimento do eleitorado. A palavra-chave agora – nenhum dia deixou de ser – é *credibilidade*. Falar, numa linguagem acessível, propostas que todos entendam e que tenham base na realidade, na vida das pessoas.

As pesquisas são muito parecidas para todos. Os resultados obtidos por um lado quase sempre são os mesmos obtidos pelo outro. Teoricamente, sendo todas as equipes competentes, os resultados de todas as eleições deveriam ser o empate.

O que faz a diferença é a leitura da realidade e o respeito pela política, em primeiro plano. E, em segundo plano, o talento, a criatividade para transformar essa leitura em peças de comunicação em todos os níveis. Se as coisas não se unem, nada acontece.

PAULO DE TARSO DA CUNHA SANTOS é publicitário especializado em marketing político. Participou da campanha presidencial de Luiz Inácio Lula da Silva em 1989 e atuou como consultor político junto ao presidente Fernando Henrique Cardoso.

COPYRIGHT

Políticas de Antecipação: a Folha na Abertura Democrática
© by André Singer
Empresário Primoroso, Jornalista Completo © by Boris Casoy
História da Folha: Breve Conversa Sobre a Mídia
© by Boris Fausto
Jornalismo de Internet © by Caio Túlio Costa
Quatro Décadas de Pioneirismo © by Carlos Eduardo
Lins da Silva
Jornalismo Econômico e a Internet © by Celso Pinto
A Folha e as Diretas-Já © by Ciro Marcondes Filho
Independência: Formidável Artigo Jornalístico © by Clóvis Rossi
A Terceira Margem do Jornalismo Cultural © by Daniel Piza
Firme e Discreto © by Edevaldo Alves da Silva
Mídia, Economistas e Jornalistas © by Gustavo H. B. Franco
Diretas-Já © by José Carlos Dias
Bandeirante Midiático © by José Marques de Melo
Jornalismo *On-Line* © by Leão Pinto Serva
O Futuro já Chegou © by Luiz Carlos Mendonça de Barros
Na Contramão da Internet © by Manoel Francisco Brito
Jornalismo Cultural © by Marcelo Coelho
História da Folha: as Diferentes Etapas © by Maria Helena
Rolim Capelato
O Grande Editor © by Matinas Suzuki Jr.
Divulgação de Pesquisas e Precauções © by Mauro Paulino
Jornalismo, Disseminação e Democracia © by Nicolau Sevcenko
Brasil: um País Aberto © by Octavio Frias de Oliveira
Leitura e Interpretação de Pesquisa © by Orjan Olsen
Um Pai Puritano e Iluminista © by Otavio Frias Filho
A Leitura de Olhos Fechados das Pesquisas Eleitorais
© by Paulo de Tarso da Cunha Santos
Octavio Frias, um Desbravador da Imprensa Brasileira
© by Paulo Renato Souza

Este livro foi impresso em março de 2003
pela Lis Gráfica e Editora Ltda.,
sobre papel pólen print 80g/m².